# NOTICE SOMMAIRE

DES

# PRINCIPAUX MONUMENTS

EXPOSÉS

DANS LE DÉPARTEMENT DES MÉDAILLES

ET ANTIQUES

DE LA BIBLIOTHÈQUE NATIONALE

PARIS.

IMPRIMERIE NATIONALE.

M DCCC LXXXIX

# PRINCIPAUX MONUMENTS

## DU DÉPARTEMENT

## DES MÉDAILLES ET ANTIQUES.

# NOTICE SOMMAIRE

DES

# PRINCIPAUX MONUMENTS

EXPOSÉS

DANS LE DÉPARTEMENT DES MÉDAILLES

ET ANTIQUES

DE LA BIBLIOTHÈQUE NATIONALE.

PARIS.

IMPRIMERIE NATIONALE.

M DCCC LXXXIX.

# AVERTISSEMENT.

Le catalogue général des monuments de l'antiquité et des temps modernes exposés dans les galeries du Département des Médailles et Antiques est presque entièrement épuisé [1]. On en prépare une nouvelle édition, mais en attendant que ce travail considérable soit en état d'être présenté aux visiteurs [2], l'administration a pensé qu'il y avait lieu de publier sans retard une notice sommaire qui le remplacera provisoirement.

Cette notice ne pouvait comprendre tous les monuments exposés dans le Cabinet national; elle indiquera ceux qui, depuis des siècles, font la gloire de ce grand établissement et, en même

[1] *Catalogue général et raisonné des camées et pierres gravées de la Bibliothèque impériale, suivi de la description des autres monuments exposés dans le Cabinet des Médailles et Antiques*, 1 vol. in-12. Paris, 1858.

[2] Le catalogue de 1858 comprenait 3,520 numéros et se composait de VIII-634 pages.

temps, la plupart des richesses qui sont venues s'ajouter à l'ancien fonds pendant les trente années écoulées depuis la publication du catalogue général et qui toutes n'ont pas été signalées au grand public. Par un heureux concours de circonstances, et surtout en raison de la faveur croissante conquise par les divers musées nationaux pendant cette période, sans parler soit des acquisitions annuelles, soit des nombreux dons manuels qui comblent incessamment des lacunes dans ses séries, le Cabinet de France, comme on nomme souvent le Département des Médailles chez nous et à l'étranger[1], a été l'objet de libéralités exceptionnelles, tant de la part de l'État que de celle de généreux particuliers.

En 1862, on y a vu arriver les 6,000 médailles grecques et les antiquités de tous genres

[1] La désignation officielle *Département des Médailles, Antiques et Pierres gravées de la Bibliothèque nationale* est souvent remplacée en France, dans l'usage journalier et pour abréger, par celles de Cabinet des Médailles ou de Cabinet national; mais on rencontre aussi celle de Cabinet de France dans les écrits des archéologues français et étrangers. On donne aussi d'ailleurs habituellement le nom de Cabinet des Manuscrits et de Cabinet des Estampes à ces départements de la Bibliothèque nationale.

réunies par le duc de Luynes dont on n'a pas à louer le goût éclairé, et que le noble et illustre savant voulut donner de son vivant à son pays, «pour aider, disait-il, le Cabinet de France à se maintenir au premier rang qu'il a si longtemps occupé en Europe, et que l'or anglais s'efforce de lui enlever». Et il ajoutait : «je m'abuse peut-être, mais il me semble que ce supplément lui donnera de l'avance dans cette lutte [1].» Le duc de Luynes ne s'abusait pas; sa magnifique, sa mémorable donation a donné une grande avance au Cabinet de France sur les divers cabinets étrangers, surtout en ce qui concerne la numismatique grecque, et, on va le voir, l'exemple qu'il donnait en 1862 fut promptement suivi.

Dès l'année 1865, on y recevait la précieuse collection de statuettes de bronze, de vases peints et de figurines de terre cuite antiques réunis par le vicomte Hippolyte de Janzé. Dans son testament, ce célèbre amateur dit en propres termes qu'il s'est décidé à faire cette donation «pour suivre l'exemple donné par le duc de

[1] Voir p. 112 de la *Notice sur M. le duc de Luynes, membre de l'Institut, représentant du peuple*, etc., par J.-L.-H. Huillard-Bréholles, in-8°. Paris, Plon, 1868.

Luynes ». En 1874, le Cabinet s'enrichissait de nouveau par l'entrée de la collection du commandant Charles Oppermann, remarquable par de nombreuses statuettes de bronze choisies surtout en raison de la rareté ou de la singularité des types. En 1876, la suite de monnaies, médailles et jetons de la Révolution française, formée par le marquis Turgot et donnée de son vivant, venait compléter dans le Cabinet une série très intéressante au point de vue historique. En 1877, le conservateur allait chercher au château d'Ailly, près de Roanne, la belle et nombreuse collection de monnaies de la République romaine recueillie en Italie et léguée par le baron d'Ailly. En 1884, 1885 et 1887, le baron de Witte, l'érudit éminent que la science vient de perdre, donnait au Cabinet une collection de rares monnaies des empereurs des Gaules, indépendamment d'antiquités précieuses qu'à différentes reprises il s'était plu à y apporter lui-même.

Il importe encore de rappeler qu'en 1872, l'Assemblée nationale, saisie par le Ministre de l'instruction publique, alors M. Jules Simon, votait un crédit extraordinaire de 200,000 francs pour l'acquisition de la riche collection de monnaies gauloises réunie par un savant académicien, F. de Saulcy. On ajoutera qu'en cette année du centenaire de 1789, au mois de juillet, le Parlement, aussi bien disposé que l'Assemblée de 1872 à favoriser l'élan patriotique avec lequel tant d'esprits distingués se portent vers l'étude des origines de notre nationalité, votait, sur la demande du Ministre actuel de l'instruction publique, M. Fallières, un autre crédit extraordinaire de 180,000 francs. Il s'agissait cette fois d'acquérir plus de 1,100 monnaies de l'époque mérovingienne, choisies dans la célèbre collection spéciale formée par feu le vicomte de Ponton d'Amécourt.

La notice offerte aujourd'hui au public lui permettra d'apprécier l'importance des accroissements incessants du Cabinet des Médailles; elle montrera avec quel empressement l'on y saisit les occasions d'enrichir les collections de monnaies et d'antiquités classiques et orientales, ainsi que les séries qui touchent à l'histoire du moyen âge et des temps modernes, et particulièrement à celle de notre pays.

Par des indications que l'on s'est efforcé de rendre aussi précises que claires, on a fait de ce livret une sorte de *cicerone* qui, prenant les visiteurs à l'arrivée, les conduira partout comme par la main et ne les quittera qu'au départ.

Des lecteurs s'étonneront peut-être de ne pas voir régner un ordre rigoureusement méthodique dans la disposition des différents meubles, médailliers, médailliers-vitrines ou armoires-vitrines du Département des Médailles et Antiques. Cet inconvénient est dû à ce fait que le local actuel, construit pour recevoir l'une des galeries du Département des Imprimés, n'a été attribué à celui des Médailles que par suite de circonstances impérieuses, qui ont obligé l'administration supérieure à improviser l'installation actuelle et à utiliser certains meubles de l'ancien Cabinet.

On a remédié à cet inconvénient en ajoutant à la notice une table des matières qui permettra aux visiteurs de trouver rapidement, soit les monuments similaires éloignés les uns des autres, soit chacune des séries qui les intéresserait particulièrement. En outre, à l'aide des plans ajoutés au texte, les visiteurs se guideront facilement dans les salles du département, d'autant mieux que l'on a donné des numéros d'ordre en chiffres romains aux groupes de meubles et aux meubles isolés, tandis que leurs sections sont désignées par des numéros en chiffres arabes. Le texte renverra fidèlement à ces divers numéros. Ce qui précède s'applique aux Antiques, c'est-à-dire aux statuettes, vases, bijoux, camées ou pierres gravées de l'antiquité, ainsi qu'aux objets divers de la Renaissance et des temps modernes. En ce qui concerne les monnaies et médailles de choix exposées, et qui suffisent à donner une idée de la collection numismatique, le visiteur ne trouvera que de très brèves indications, des étiquettes placées sous chacune des pièces exposées dispensant de descriptions qui exigeraient des volumes.

Il nous reste à faire savoir au lecteur que l'installation actuelle du Cabinet national de France n'est pas pour durer longtemps encore. Bientôt, on est en droit de l'espérer, ce grand établissement sera transféré dans les constructions qui doivent s'élever sur le vaste terrain acquis par l'État, il y a quelques années, afin d'isoler et d'agrandir la Bibliothèque nationale. Là, non seulement l'espace sera plus largement départi, mais le jour sera meilleur que dans les galeries actuelles, et les richesses du Cabinet de

France seront présentées au public dans un local digne de leur importance, où il sera enfin possible de les disposer avec plus de méthode et dans des conditions autrement favorables que par le passé.

Décembre 1889.

---

## ITINÉRAIRE.

# PRINCIPAUX MONUMENTS
## DU DÉPARTEMENT
## DES MÉDAILLES ET ANTIQUES.

## I

## REZ-DE-CHAUSSÉE, ESCALIER, ANTICHAMBRE.

### REZ-DE-CHAUSSÉE.

A l'*entrée*, le long des degrés, à droite, est encastrée dans le mur une inscription latine, mentionnant l'érection de deux *tribunalia* (sortes d'estrades), consacrés aux dieux Apollon et Veriugodumnus par le Gaulois Setubogius, pour le salut de l'armée de Germanie. — A gauche, une autre inscription latine. Celle-ci mentionne un ex-voto à Mithra, dicté par une apparition de ce dieu.

Dans le *poste du gardien*, sont encastrées deux inscriptions grecques. La première contient une liste des magistrats préposés aux jeux publics de la ville de Cyzique. L'autre, placée au-dessus de la première, donne la fin d'une inscription qui était gravée sur la base d'une statue érigée par les habitants d'Abydos en l'honneur de l'empereur Hadrien.

Dans la *petite pièce* à gauche de l'entrée et en regard du poste du gardien, sont placées des inscriptions. —

Presque en face de l'entrée, une stèle égyptienne sur laquelle est gravé, en caractères hiéroglyphiques, un hymne à Osiris; on l'attribue au XVII$^{e}$ siècle avant notre ère. — A côté de cette stèle, à droite du spectateur, longue inscription grecque donnant une liste des prytanes de la ville de Cyzique au II$^{e}$ siècle avant Jésus-Christ. — En face de la stèle égyptienne, inscription grecque provenant de Cyzique. Celle-ci est en l'honneur d'un vainqueur des jeux. — A côté, à gauche du visiteur, épitaphe d'un tribun de la XIII$^{e}$ légion. — Sur les autres parois de cette salle, une série d'inscriptions latines découvertes avec beaucoup d'autres, en 1880, dans un cimetière d'esclaves de la maison impériale, à Carthage, au cours des fouilles dirigées sous l'inspiration de S. E. le cardinal Lavigerie, archevêque d'Alger, par le R. P. Delattre, religieux du couvent de Saint-Louis de Carthage. — Au milieu de cette série d'épitaphes, on distingue une pierre de grande dimension (76 centimètres de hauteur), trouvée également en Tunisie, à Souk el-Khmis. Sur cette pierre, sont gravées, la supplique adressée à Commode par les colons d'un des domaines de cet empereur contre le procurateur Allius Maximus, et la réponse de l'empereur à cette supplique. — A côté et à gauche de ce monument historique, une inscription en langue himyaritique (ancien idiome de l'Arabie méridionale). Don de M. le baron de Gléon (1879). — Immédiatement au-dessous, autre inscription himyaritique, donnée la même année, avec vingt et une autres, par feu M. Albert Goupil. — Plus loin.

à droite, inscription en caractères géorgiens du XIIe siècle, rapportée du Caucase par M. de Morgan. Don du Ministre de l'instruction publique (1887). — Au-dessous de la fenêtre, grande plaque de bronze, fondue en 1564 et provenant de l'ossuaire de Morat. On y lit deux inscriptions commémoratives de la victoire remportée par les Suisses sur Charles le Téméraire en 1476.

*Vestibule.* — A gauche, le monument dit *Chambre des Rois*, rapporté de Karnak (Égypte) par feu Prisse d'Avennes et donné par ce célèbre voyageur au Cabinet des Médailles et Antiques en 1843. C'est un hommage de Toutmès III, roi de la XVIIIe dynastie, à ses prédécesseurs. — A l'entrée de la *Chambre des Rois*, deux grands vases étrusques de terre cuite, à panse cannelée, trouvés en 1835 par le prince Torlonia dans les fouilles de son duché de Céri, et donnés par lui en 1845.

Au milieu de la muraille qui fait face à la porte d'entrée, on remarquera le *Zodiaque de Denderah*. Ce monument a perdu le prestige de la haute antiquité qu'on lui avait d'abord attribuée, depuis que l'on sait qu'il ne remonte pas au delà de l'époque des Ptolémées. « On pense même que la partie du temple où il était sculpté ne remonte qu'aux premiers Césars. » Le vicomte de Rougé, à qui l'on emprunte ces lignes, résume ainsi la description qu'il a donnée du zodiaque de Denderah : « Ce planisphère est un tableau du ciel stellaire, tel que se le représentaient les Égyptiens des premiers siècles de notre ère. »

Au-dessous du zodiaque, une cuve de porphyre, en forme de baignoire, de travail romain, provenant de l'abbaye de Saint-Denis. Des baignoires analogues à celle-ci ont été employées à baptiser par immersion; il en existe encore dans diverses églises et notamment dans les cathédrales de Milan, de Ravenne et de Metz.

Sur la même paroi que le zodiaque, à côté de ce monument et à la gauche du spectateur, une stèle égyptienne que l'on croit remonter à l'*Ancien Empire*, soit à 3,000 ou 4,000 ans avant Jésus-Christ. Ce fragment d'une représentation de scènes de la vie domestique provient d'une tombe. Don de Prisse d'Avennes.

Au-dessous de cette scène, autre stèle donnée également par Prisse d'Avennes, mais beaucoup moins ancienne, puisqu'elle est du *Nouvel Empire*, et ne remonte pas plus haut que le XVe ou le XVIe siècle avant Jésus-Christ. On y voit la représentation d'une scène d'adoration à Osiris et à Harmakhis et celle d'une adoration à Anubis et à Hathor.

Sur la même paroi, non loin du zodiaque, mais à la droite du spectateur, fragment d'une stèle provenant de Tell el-Amarna, représentant le roi Aménophis IV, de la XVIIIe dynastie (environ 1,800 ans avant Jésus-Christ), en adoration devant le disque solaire dont les rayons sont munis de bras.

Plus loin, toujours en allant à droite, la stèle, dite *du prince de Bakhtan*, en deux fragments, portant le nom de Ramsès II, mais moins ancienne que le règne de ce roi. Ce monument de la xx$^{e}$ dynastie est dédié au dieu Khonsou.

Au-dessous de cette stèle, une inscription grecque. C'est un décret du sénat et du peuple de Cyzique, autorisant les prêtresses de Cybèle à élever une statue de bronze à une de leurs compagnes.

En arrivant à l'entrée de l'escalier qui mène aux galeries du Département des Médailles, on voit, encastrée dans la muraille, à gauche, une inscription en deux morceaux, trouvée à Lambèse (Afrique française). Elle offre une liste des sous-officiers de la III$^{e}$ légion Augusta ayant contribué à l'érection de statues dorées des empereurs.

De chaque côté de la porte de cet escalier, deux monuments funéraires : à gauche, celui de T. Claudius Victor, mort à sept ans; à droite, celui de S. Afranius Augazo, mort à six ans.

Plus loin, près du chambranle de cette porte, épitaphe d'un duumvir d'Ostie; puis, une longue inscription trouvée dans la régence de Tunis et provenant du piédestal d'une statue de L. Sisenna Bassus; elle nous apprend que ce personnage avait légué 22,000 sesterces à sa ville natale pour que, du revenu de cette somme, il lui fût élevé tous les sept ans une statue du prix de 3,200 sesterces, etc.; enfin, un fragment de la borne milliaire placée à la LXXXVI$^{e}$ lieue de la voie de Carthage à Théveste, tracée sous Hadrien, l'an 194 de notre ère.

## ESCALIER.

Le long de l'escalier conduisant aux galeries du Cabinet des Médailles, on voit, encastrées dans les murailles, des **inscriptions** en grec, en copte, en phénicien et en latin. La plupart sont païennes, mais quelques-unes sont chrétiennes et datent des premiers siècles de l'Église. On ne peut les énumérer toutes ici; on signalera seulement celles qui ont été données par la Société des fouilles de Carthage en 1855; — l'épitaphe de la chrétienne Barbara, trouvée en 1753 à Paris, une des rares inscriptions chrétiennes découvertes dans cette ville; — une stèle avec bas-relief, découverte à Sidon (Saïda), donnée en 1847 par Louis Bâtissier, vice-consul de France à Suez; — enfin, l'inscription grecque donnée par le docteur Calvet, fondateur du musée d'Avignon, et l'inscription punique donnée par Mme Cornu.

## ANTICHAMBRE.

En face de la porte d'entrée, un petit autel élevé par L. Cæcilius Urbanus, attaché au service de santé de la Légion III Augusta, en l'honneur de Septime Sévère et de ses fils. Ce monument a été rapporté de Lambèse (Algérie), en 1853, par L. Renier.

A gauche de cet autel, une stèle en porphyre, avec inscription grecque en l'honneur du gymnasiarque Baton. Les huit premières lignes manquent.

A droite, autre petite stèle, en marbre rouge, avec inscription grecque relative à l'administration d'un temple.

Plus à droite, une règle en basalte, portant le nom de Darius en caractères cunéiformes et provenant des ruines de Persépolis. Legs du baron Silvestre de Sacy.

Au-dessus, inscription gravée sur une plaque de bronze trouvée à Bourbonne-les-Bains. Ex-voto en l'honneur de la déesse Damona.

GALERIE.

XII
XI
X
XIII
IX
XXIII
VIII
XIV
VII
V
A
XV
IV
XXII
XVI
B
VI
III
XVII
II
XXI
XVIII
I
XIX
XX
GALERIE

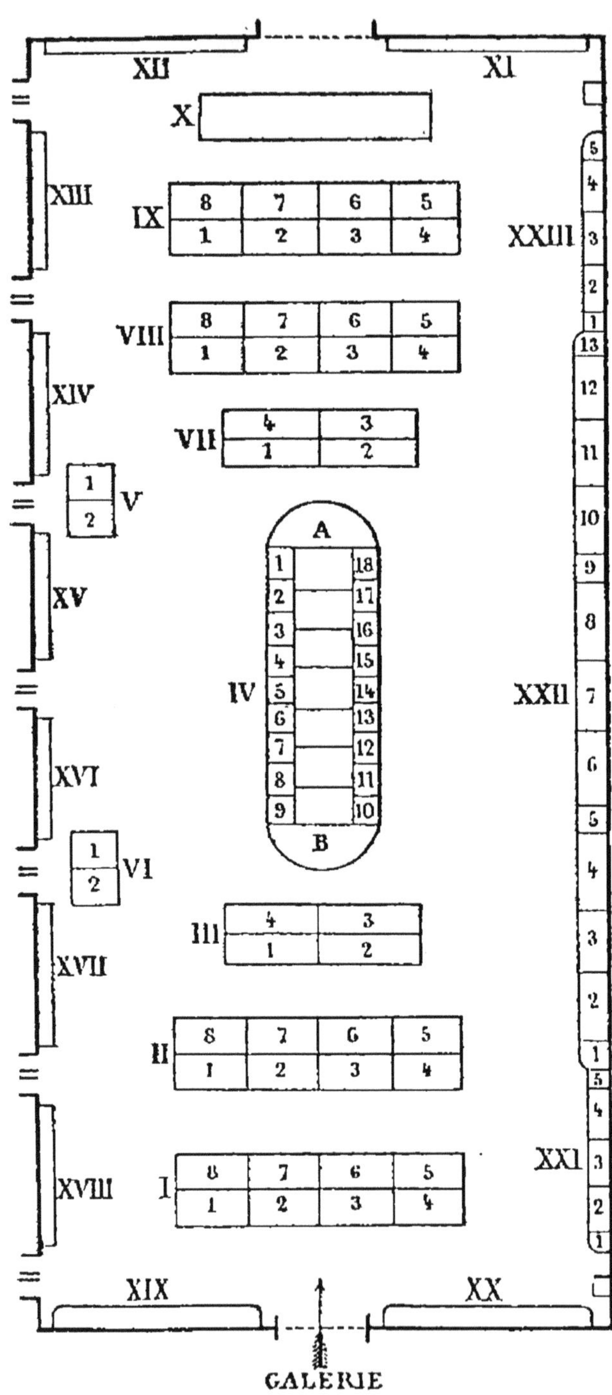

# II

## GALERIE.

C'est dans cette galerie que se trouvent les principaux médailliers, ainsi que la plupart des vitrines contenant les antiquités, les camées, les intailles et un choix de monnaies et de médailles de tous les pays et de toutes les époques.

Du côté des fenêtres et adossés au mur, six médailliers dorés, du temps de Louis XV, reposant sur des consoles. Dans des embrasures de fenêtres, deux meubles vitrines. Au fond de la salle, deux autres médailliers dorés, plus grands que les six premiers, mais de même époque et de même style. Le long du mur qui fait face aux fenêtres, sont des vitrines renfermant des antiquités. De chaque côté de la porte d'entrée, deux autres grandes vitrines d'antiquités.

Le milieu de la galerie est occupé par des séries de meubles formant médailliers et vitrines.

Enfin, au fond de la galerie, une table, du même temps que les médailliers dorés mentionnés plus haut, est chargée d'une vitrine qui renferme le trésor de Bernay, dont il sera parlé plus loin.

### GROUPE DE MÉDAILLIERS-VITRINES.

#### 1

Le premier groupe de meubles qui s'offre au visiteur,

à l'entrée, se compose de quatre médailliers adossés; chacun d'eux est surmonté d'une vitrine plate divisée en deux sections. Les cinq premières sections et les trois premières rangées de la sixième renferment des intailles (ou pierres gravées en creux) de l'Assyrie, de la Chaldée, de la Perse et autres régions de l'Orient.

Dans un guide sommaire, il ne pouvait être question de placer une introduction en tête de chaque chapitre; mais il a paru indispensable d'expliquer la réserve avec laquelle on a traité les pierres gravées, cylindres, cônes, scarabéoïdes, etc., de l'Assyrie, de la Chaldée et de la Perse.

L'étude des pierres gravées de ces grandes régions de l'Asie forme une des branches les plus intéressantes de l'archéologie; mais, en raison des difficultés particulières dont elle est hérissée, c'est peut-être celle qui compte le moins d'adeptes. Au début du chapitre consacré à ces pierres dans le catalogue des camées et autres monuments du Cabinet des Médailles, publié en 1858, l'auteur terminait ainsi un avertissement inspiré, sinon dicté, par le célèbre savant qui dirigeait alors cet établissement : « On nous pardonnera ces tâtonnements dans un sujet entièrement neuf à beaucoup d'égards. » Trente années se sont écoulées depuis cette époque et la science a marché. Mais malgré les belles découvertes dues à des savants versés dans la connaissance des langues anciennes de l'Asie, comme l'illustre Eugène Burnouf, qui, le premier, déchiffra des inscriptions cunéiformes de l'époque des Achéménides, ou comme M. Jules Oppert, et malgré les travaux de feu François Lenormant et de M. Joachim Menant, l'interprétation des caractères cunéiformes (c'est-à-dire en forme de coins), celle des langues qu'ils représentent, et aussi celle des rites et des symboles religieux figurés sur les cylindres, les cônes, etc., offre encore des problèmes que des assyriologues consommés peuvent seuls tenter de résoudre. Dans cette notice, on se contentera d'exposer brièvement ce qui fait l'intérêt de ces monuments, dont un grand nombre n'ont pas encore été publiés, ainsi que de signaler les plus importants de la collection.

Les plus anciens cylindres remontent aux origines mêmes de la glyptique et paraissent avoir succédé immédiatement aux gemmes, rondes, ovoïdes ou cylindriques des colliers de l'âge de pierre. Ces pierres sculptées en creux étaient portées au cou, au doigt, au poignet, attachées au vêtement; c'étaient à la fois des amulettes prophylactiques contre les maladies ou les maléfices et des cachets à l'aide desquels on scellait les actes publics ou privés.

Un certain nombre des cylindres chaldéens du Cabinet des Médailles remontent à plus de 3,500 ans avant Jésus-Christ; en effet, il en est quelques-uns qui paraissent, par leur style, contemporains du célèbre cylindre de la collection de M. de Clercq, qui porte le nom de Sargani, roi d'Agadé, dans la Basse-Chaldée, prince dont les assyriologues placent le règne au delà de l'an 3500 avant Jésus-Christ.

1re SECTION, en commençant à gauche. **Cylindres.**

*1re rangée.* — N° 703. Scène d'adoration : le dieu est debout sur un taureau. Inscription en caractères cunéiformes. Calcédoine. — N° 706. Sacrifice d'un taureau, en présence d'un dieu assis. Serpentine.

*2e rangée.* — N° 715. Deux dieux combattant. Hématite. — N° 718. Sacrifice à un dieu dont le corps se termine par une queue de serpent. Jaspe noir.

*3e rangée.* — N° 721. Scène d'adoration : six personnages devant un dieu ailé, assis. Serpentine. — N° 722. Dieu assis; deux fleuves, symbolisant peut-être le Tigre et l'Euphrate, paraissent sortir de ses épaules; deux personnages entraînent à ses pieds un être à figure humaine et à jambes de coq. Serpentine.

*8e rangée.* — N° 770. Deux scènes séparées par des entrelacs : en haut, une scène d'adoration; en bas, des personnages à tête d'animaux. Hématite.

*9e rangée.* — N° 777. Trois personnages en adoration devant un dieu debout. Inscriptions en caractères cunéiformes. Jaspe rouge.

*10e rangée.* — N° 789. Deux personnages analogues aux Dioscures des Grecs, séparés par un troisième personnage de petite taille; femme debout tenant une palme; animaux et symboles divers. Hématite.

2e SECTION. — *4e rangée.* — N° 834. Sacrifice à un dieu monté sur deux lions. Inscriptions cunéiformes. Hématite.

*7e rangée.* — N° 873. Deux divinités ailées, debout, accompagnées d'animaux et de symboles divers. Hématite. — N° 875. Deux divinités debout sur des sphinx, combattant une sorte de griffon. Jaspe rouge.

*8e rangée.* — N° 879. Deux groupes de dieux combattant, l'un un taureau, l'autre un lion. Serpentine.

*9e rangée.* — N° 890. Trois personnages combattant, les deux premiers, des taureaux à tête humaine, le troisième, un lion. Basalte.

3e **SECTION. Suite des cylindres.** — *1re rangée.* — N° 898. Scènes d'adoration et de sacrifice. Hématite. — N° 903. Deux sujets : personnage, analogue à ceux du N° 890, combattant un lion, et personnage à figure humaine combattant un bubale. Serpentine. — N° 907. Dieu (Ormuzd ?) tenant de chaque main une chimère par l'une de ses cornes. Travail persépolitain. Calcédoine saphirine.

*2e rangée.* — N° 916. Dieu à quatre ailes (Ormuzd), tenant de chaque main par la patte un bubale. Calcédoine.

*3e rangée.* — N° 919 *bis*. Chasseur perse combattant un ours. Calcédoine saphirine.

*4e rangée.* — N° 929. Guerrier debout dans un bige, décochant une flèche sur un bubale. Calcédoine. — N° 931. Scène de labourage avec des bœufs. Serpentine.

*6e rangée.* — N° 952. Roi décochant une flèche sur des guerriers qui s'enfuient. Agate rubanée. — N° 952 *ter*.

Scène de bataille. Un des guerriers plonge son épée dans le corps de son ennemi qui est armé d'une massue. Calcédoine saphirine.

*11e et dernière rangée.* — Sur la première pierre : deux divinités combattant, l'une un lion, l'autre un taureau. Jaspe vert.

4e SECTION. **Cônes, scarabées, scarabéoïdes, ellipsoïdes**, etc. — *1re rangée.* — N° 978. Le symbole nommé *Hôm*, entre un sphinx et un taureau à tête humaine ailé. Cône, calcédoine saphirine. — N° 986. Prêtre devant un pyrée. Cône, agate calcédoine.

*4e rangée.* — N° 1026. Roi achéménide s'apprêtant à tuer un lion. Scarabéoïde, jaspe vert. — N° 1031. Roi achéménide tenant de chaque main une chimère. Scarabéoïde, jaspe vert. — N° 1034 *bis*. Divinité mère, analogue à la Diane d'Éphèse. Scarabée, serpentine.

*5e rangée.* — N° 1049. Roi achéménide debout, tirant de l'arc. Scarabéoïde, calcédoine saphirine. — N° 1051. Ellipsoïde à deux faces : 1° cheval en course et divers symboles; 2° tête humaine avec corps d'oiseau, c'est le symbole nommé *Férouer*. Dans le champ, caractères et symboles. On croit cette pierre d'origine héthéenne. Calcédoine brune. — N° 1054. Le soleil, la lune et une planète; en bas, deux têtes de taureau; au milieu, inscription phénicienne. Agate rubanée. — N° 1057. Dieu barbu, revêtu d'une longue robe; devant, inscription bactrienne. Cornaline.

*7e rangée.* — N° 1087. Lion ailé, cornu. Scarabéoïde,

calcédoine saphirine. Travail persépolitain. — N° 1088. Taureau ailé. Scarabéoïde, calcédoine. Travail persépolitain.

*8e rangée.* — N° 1094. Personnage nu, agenouillé entre deux sphinx. Scarabée, sardoine. — N° 1095. Chasseur, accompagné de son chien, perçant un sanglier de son épieu. Travail persépolitain. Calcédoine saphirine.

*9e rangée.* — N° 1115 *bis*. Pierre à deux faces : 1° Hercule tuant l'hydre de Lerne; inscription en pehlvi; 2° œil au milieu de symboles divers. Rhomboïde, jaspe vert.

*10e rangée.* — N° 1137. Éphèbe sur un triton; dans le champ, bucrane, vase et palme. Sceau annulaire, agate rubanée.

5e SECTION. **Suite des cônes, scarabées, scarabéoïdes**, etc. — *1re rangée.* — N° 1139. Aigle éployé, dont le corps est formé par trois têtes humaines barbues. Cône, agate lactée à deux couches. — N° 1140. Main ouverte ailée; sur chacun des doigts est posé un oiseau; légende pehlvie. Sceau annulaire, calcédoine. — N° 1168. Ours; légende pehlvie. Sceau annulaire, jaspe fleuri.

*2e rangée.* — N° 1187. Mouflon accroupi. Légende pehlvie. Cône perforé, agate. — N° 1202. Zébu debout; légende pehlvie. Sceau annulaire, agate calcédoine.

*3e rangée.* — N° 1226. Coq tenant un bijou dans son bec; légende pehlvie. Rhomboïde, sardoine. — N° 1243. Lion se jetant sur un zébu. Sceau annulaire guilloché, calcédoine.

*4e rangée.* — No 2701. Deux cavaliers. Agate hémisphérique. — No 1258 *bis*. Plante entre deux mouflons affrontés. Cône, sardonyx rubanée. — No 1261. Deux chevaux. Cône, jaspe vert.

*5e rangée.* — No 1283. Cheval ailé; légende pehlvie. Cône perforé, agate rubanée. — No 1293. Taureau ailé, à face humaine; dans le champ, croissant et scorpion. Cône, agate rubanée. — No 1298. Tête de bélier ailé. Cône, cornaline.

6e SECTION. *1re rangée.* — **Pierres chrétiennes de l'Asie.** — No 1330. Le sacrifice d'Abraham. Sardonyx rubanée. — No 1331. La Vierge assise, tenant l'Enfant Jésus; légende pehlvie. Grenat. — No 1332. La Visitation; inscription pehlvie. Cornaline. — No 1334. Buste du Christ, avec son nom en grec : XPICTOY. Calcédoine blanche. — **Sujet gnostique.** — No 1335. Figure à deux têtes tenant deux serpents de chaque main. Astres et symboles divers. Cône, sardoine claire. — **Pierres gravées perses**, à légendes pehlvies, de l'époque des rois sassanides. — No 1336. Buste de Mithra sur le pyrée. Cône, agate brune veinée. — No 1339. Buste de Sapor Ier. Cornaline. — No 1347. Buste d'un roi sassanide, posé sur une tête de lion ailée. Sceau annulaire. Agate brune.

*2e rangée.* — No 1356. Roi sassanide. Sceau annulaire, jaspe brun. — No 1362. Chosroès Ier. Cornaline vieille roche. — No 1364. Varahrane V (?). Agate claire. — No 1367. Guerrier perse à cheval. Améthyste. — No 1375.

Personnage debout, de face, entre le soleil et la lune. Agate. — N° 1381. Personnage à deux visages. Nicolo.

**Intailles antiques,** commençant au N° 1407 dans la même section, et finissant au N° 2255 dans la 2e section du groupe de médailliers-vitrines N° II.

Le visiteur continuera à suivre, pour les pierres gravées en creux, les rangées horizontales, en allant toujours de gauche à droite.

**Mythologie.** — N° 1407. Saturne debout. Cornaline. — N° 1432. Ganymède jouant avec le *trochos* (cerceau). Cornaline. — N° 1432 *bis*. Hébé. Améthyste. — Nos 1463 et 1464. Apollon debout. Calcédoine et agate. — N° 1473. Polymnie. Grenat. — N° 1494. Diane d'Éphèse. Nicolo.

7e SECTION. **Suite de la mythologie.** — N° 1502. Minerve. Améthyste pâle. — N° 1526. Tête de Méduse de profil. Cornaline. — N° 1526 *ter*. Autre tête de Méduse de profil. Améthyste. Legs de M. Pierre Calle en 1881. — N° 1543. Victoire sur un bige. Cornaline. — N° 1580. Vénus tenant un bouclier sur lequel paraît la tête de Méduse. Cornaline. — N° 1592. Amour ailé étranglant un coq. Cornaline. — N° 1597. Mercure debout. Signature douteuse : ΑΕΤΙΩΝ. Cornaline. — N° 1601. Autre Mercure debout, devant un autel. Prase. — N° 1608. Mercure psychopompe ou conducteur des âmes. Agate. — N° 1616. Statue archaïque de Cérès. Cornaline brûlée. — N° 1622. Bacchus. Prase. —

N° 1626. Bacchus. Topaze. — N° 1637. Taureau dionysiaque, remarquable par le travail; l'authenticité de la signature du graveur Hyllus est contestable. Agate calcédoine. — N° 1641. Silène. Cornaline. — N° 1644. Silène et Bacchus. Agate. — N° 1648. Faune dansant. Sardonyx, monture en or émaillé. — N° 1658. Faune assis. Cornaline. — N° 1677. Faune assis. Sardoine. — N° 1689. La centauresse Hippa. Cristal de roche. — N° 1690. Psylle jouant avec un serpent. Cornaline. — Nos 1697 et 1698. Leucothoé. Cornaline et améthyste. — N° 1699. Thétis sur un hippocampe, portant le bouclier destiné à Achille. Aigue-marine. — N° 1713. Ascalaphe tenant la grenade. Cornaline.

8e SECTION. **Suite de la mythologie.** — N° 1720. Némésis panthée. Cornaline. — N° 1724. La Fortune debout. Cornaline, riche monture. — N° 1738. *Bonus Eventus*. Nicolo. — N° 1748. Tête de l'Afrique. Cornaline. — N° 1749. La ville d'Antioche assise, à ses pieds l'Oronte nageant entre un guerrier qui la couronne et la Fortune debout. — N° 1752. Hercule. Cornaline. — N° 1756 *bis*. Hercule. Prase. — N° 1760. Hercule arrachant le trépied à Apollon. Scarabée en cornaline. — N° 1764. Hercule détruisant les oiseaux du lac Stymphale. Cornaline. — N° 1768. Hercule tenant une des pommes d'or du jardin des Hespérides. Jaspe sanguin. — N° 1769. Hercule portant le globe céleste. Prase. — N° 1771. Hercule tuant Diomède, roi des Bistoniens. Cornaline. — N° 1772. Hercule musagète. Cornaline brûlée. — N° 1781. Omphale. Cornaline. — N° 1792. Cadmus consultant l'oracle de Delphes. Cornaline. — N° 1797. Bellérophon monté sur Pégase. Cornaline. — N° 1805. Tydée blessé. On lit : TVTE. Scarabée scié, agate calcédoine. — N° 1806. Progné et Philomèle apportant à Térée la tête d'Itys, son fils. Grenat d'Orient. — N° 1807. Œdipe et le Sphinx (ébauche). Améthyste. — N° 1815. Achille citharède, avec la signature de Pamphile : ΠΑΜΦΙΛΟΥ. Améthyste. — N° 1816. Ménélas relevant le corps de Patrocle. Nicolo. — N° 1818. Ajax relevant le corps d'Achille. Améthyste. — N° 1824. Cassandre (?). Cornaline fauve. — N° 1858. Homme combattant un taureau. Cornaline. — N° 1871. Athlète vainqueur, conduisant un char attelé de vingt chevaux. Calcédoine. — N° 1876. Gladiateur. Jaspe rouge monté en bague dans l'antiquité. — N° 1898. Éphèbe étudiant; on lit : ΑΓΕCΑΡ (?). Cornaline. — N° 1900. Sculpteur terminant un vase. Cornaline.

## GROUPE DE MÉDAILLIERS-VITRINES.

## II

Ce groupe est composé comme le précédent et vient immédiatement après.

1re SECTION. **Suite des intailles antiques. — Animaux** (Nos 1911 à 2011). — N° 1911. Éléphant portant trois combattants et enlevant un ennemi avec sa trompe. Sardonyx à trois couches. — N° 1916. Chien et colombe. Cornaline. — N° 1961. Taureau au pied d'un rocher sur lequel s'élève un petit temple. Cornaline.

**Mythologie égyptienne.** — N° 2017. Sérapis. Cornaline. — N° 2023. Sérapis dans un temple, avec Cerbère à ses pieds. Prase. — N° 2027. Tête de Sérapis, sur un pied humain. Ex-voto. Cornaline. — N° 2028. Isis. Jaspe noir. — N° 2029. Harpocrate assis sur une fleur de lotus. Hématite.

**Mythologie orientale.** — N° 2031. Mithra sacrifiant. Calcédoine. — N° 2033. Lunus debout. Grenat.

**Iconographie grecque.** — N° 2038. Socrate. Cornaline. — N° 2057. Ptolémée VI Philométor, roi d'Égypte (?). Cornaline.

**Iconographie romaine.** — N° 2077. Buste d'un personnage romain; on a voulu y reconnaître Mécène. Cette pierre porte la signature de Dioscoride : ΔΙΟΣΚΟΥΡΙΔΟΥ. Améthyste. — N° 2079. Drusus l'Ancien. Cornaline. — N° 2080. Antonia, femme de Drusus l'Ancien (?). Améthyste. — N° 2093. Antonin le Pieux. Nicolo. — N° 2094. Faustine la mère. Lapis-lazuli. — N° 2096. Commode à cheval, chassant. Nicolo.

2e SECTION. **Suite de l'iconographie romaine.** — N° 2098. Commode. Aigue-marine. — N° 2099. Tête de Pescennius Niger. Dans le champ, autel et deux inscriptions grecques dont l'une donne les initiales des noms et titres de l'empereur. Jaspe rouge. — N° 2100. Septime Sévère et Caracalla. Sardonyx à trois couches, monture du XVIe siècle. — N° 2101. Buste de Caracalla; au moyen âge, on a ajouté sur cette pierre une croix et le nom de saint Pierre en grec. Améthyste. — N° 2103. Caracalla assis, tenant une Victoire; devant l'empereur, une statue de Mars. Agate rubanée. — N° 2107. Valentinien Ier. Cristal de roche. — N° 2111. Brutus l'Ancien (?). Améthyste.

**Grylles** (Nos 2143 à 2164). — N° 2148. Têtes de Mercure et d'un lion formées de figures diverses. Jaspe noir. — N° 2162. Dromadaire conduit par un chien; un autre chien est juché sur la croupe du dromadaire. Cornaline.

**Pierres chrétiennes.** — N° 2165. Poisson. Cristal de roche, autrefois doré. — N° 2165 *bis*. Épisode de l'histoire de Jonas. — N° 2166. Le Bon Pasteur. Nicolo.

**Gnostiques** (Nos 2168 à 2254). — On remarquera les Nos 2170, 2181 et 2220 *bis*, ainsi que le N° 2190 *bis* actuellement placé dans la vitrine des acquisitions récentes.

**Cachets et talismans orientaux.** — Cette série commence, dans cette section, au N° 2256 et se termine, dans la suivante, au N° 2284.

3e SECTION. **Intailles modernes. Mythologie** (Nos 2285 à 2398). — Nos 2299 à 2301. Apollon et Marsyas. Imitation de l'antique. Deux cornalines et un jaspe sanguin. — N° 2302. Apollon et une Muse devant un terme de

Pan. Cornaline. — N° 2306 *bis*. Sapho assise tenant une lyre. Améthyste gravée par Pichler, signée en grec : ΠΙΧΛΕΡ. — N° 2306 *ter*. Sapho en muse, accordant sa lyre. Cornaline signée par Louis Pichler : Λ ΠΙΧΛΕΡ. — N°. 2309. Endymion. Cornaline. — N° 2311 *bis*. Hygie debout. Cornaline signée par Cerbara. — N° 2322. La Fidélité devant l'autel de l'Amour. Cornaline, jolie monture. — N° 2325 *bis*. Vase sur lequel paraissent en bas-relief Vénus sur les flots et l'Amour dans les airs. Cornaline attribuée à Barrier, qui travaillait sous Louis XV. — N° 2325 *ter*. Psyché et Cerbère. Cornaline montée en épingle, attribuée au sculpteur Antoine Desbœufs. — N° 2337. Bacchanale. Cornaline connue sous le nom légendaire de *cachet de Michel-Ange*. — N° 2338. Triomphe de Silène. Jaspe sanguin. — N° 2341 *bis*. Bacchante et génie bachique. Cornaline signée en grec du nom de Pichler. — N° 2355. Bacchante. Cornaline. — N° 2372. Hercule enchaînant Cerbère. Jaspe vert. — N° 2383. La Nuit répandant ses pavots. Jaspe vert. — N° 2387. Diomède venant d'enlever le Palladium. Imitation du camée N° 102. — N° 2389. Le groupe de Laocoon. Cornaline. — N° 2391. Jupiter, Mars, Mercure et Neptune, entourés des signes du Zodiaque. Cornaline. — N° 2396. L'Abondance et la Paix. Sardonyx à trois couches, monture du XVIᵉ siècle.

**Histoire romaine et sujets romains** (N°s 2399 à 2452). — On remarquera le N° 2404, Jugurtha livré à Sylla. Cornaline.

4e SECTION. **Suite des sujets romains.** — N° 2433. Trajan à cheval, combattant un lion. On lit : C. RA-NIANI. Cornaline.

**Sujets de fantaisie** (Nos 2476 à 2482). — N° 2476. Alexandre le Grand faisant placer les œuvres d'Homère dans le tombeau d'Achille. Calcédoine. — N° 2476 *bis*. Femme gravant une inscription sur un cippe. Cornaline signée Pichler, en grec. — N° 2477. Triomphe. Cornaline. — N° 2481. Chasse. Cornaline.

**Sujets religieux** (Nos 2483 à 2484). — On signalera le N° 2483. La Sainte Vierge et l'Enfant Jésus. Sardonyx à trois couches.

**Iconographie moderne** (Nos 2485 à 2496). — N° 2485. François Ier, roi de France. Calcédoine. — N° 2486. Alexandre de Médicis, premier duc de Florence. Cristal de roche. — N° 2489. Philippe II et don Carlos. Topaze, monture ornée de grenats. — N° 2495. Frédéric-Henri de Nassau, prince d'Orange. Cornaline. — N° 2495 *bis*. Maurice de Nassau, prince d'Orange. Buste signé : G. D. F. (*Guillaume Dupré fecit*). Saphir.

*Œuvre de Jacques Guay* (Nos 2497 *bis* à 2510 *quater*). — Nos 2498-2499. Victoire de Lawfeldt et Paix de 1748. Sardoine. Fermoirs de bracelets de Mme de Pompadour. — N° 2500. Jacquot, tambour-major du régiment du Roi. Sardoine. — Nos 2503 *bis* et *quater*. Mme de Pompadour. Cornaline. — N° 2503 *ter*. Louis XV et Mme de Pompadour. Cornaline. — N° 2504. Cachet de Mme de Pompadour. Topaze gravée sur les trois faces.

*Œuvre de Jeuffroy* (Nos 2511-2516). — No 2515. Ch. de Wailly. Cornaline. — No 2516. Fourcroy. Cornaline.

No 2518 *bis*. Le prince de Metternich. Calcédoine saphirine, signée en grec par Louis Pichler. — No 2518 *ter*. Canova. Calcédoine saphirine, signée en grec par Louis Pichler. Donné en 1887 par Mme Charles Lenormant.

*Œuvre de Simon fils* (Nos 2519 à 2536). — Intailles sur cornaline, représentant divers princes français : No 2519. Charles X. — No 2520. Le duc d'Angoulême. — No 2521. Le duc de Berry. — No 2524. Louis-Philippe Ier et la reine Marie-Amélie. — No 2526. Le roi Louis-Philippe et la reine, le duc et la duchesse d'Orléans.

5e SECTION. **Camées du moyen âge et des temps modernes.**

**Camées religieux** (No 3496 et Nos 294 à 322). — No 3496. Noé buvant le vin dans une coupe et debout devant un cep de vigne. Sardonyx à trois couches (XIIIe siècle?). — No 294. Jésus enseignant sa doctrine à trois apôtres. Agate blanche orientale à deux couches. Travail italien qui pourrait remonter aux premiers siècles du christianisme. — No 297. Moïse debout. Le serpent d'airain sert de monture à ce camée qui paraît dater du XVIe siècle. — No 303. L'adoration des mages. Sardonyx à trois couches. Travail flamand de la fin du XVe siècle, monture en or émaillé. — No 318. Parallèle de l'Ancien Testament avec le Nouveau. Travail du XVIe siècle; sardonyx à trois couches, monture en or émaillé.

**Sujets mythologiques** (Nos 401 à 513). — N° 486. Hercule enchaînant Cerbère. Calcédoine à deux couches. — N° 412. Diane. Agate à deux couches, monture émaillée, avec devise au revers. — N° 496 *bis*. Omphale en buste. Agate à deux couches placée sur un drageoir en cornaline. — N° 413. Diane. Sardonyx à trois couches, avec belle monture de la Renaissance. — N° 417. Minerve. Lapis-lazuli, élégante monture en or émaillé. — N° 443. Vénus avec trois Amours. Agate à deux couches. — N° 446. Psyché sous la forme d'un papillon et l'Amour. Calcédoine à deux couches. — N° 425. Minerve et Neptune. Imitation du camée antique N° 36. Calcédoine à deux couches. — N° 426. Bellone dans un bige. Sardonyx à trois couches, monture émaillée. — N° 454. Bacchus. Agate à deux couches, jolie monture. — N° 472. Bacchanale. Calcédoine à deux couches. — N° 467. Triomphe de Bacchus. Calcédoine à deux couches. — N° 487. Hercule sur le bûcher. Agate à trois couches. — N° 471. Enfance de Bacchus. — N° 464. Bacchante. Agate à deux couches.

6e SECTION. **Suite des sujets mythologiques.** — N° 505. Sacrifice. Coquille. — N° 508. Même sujet. Calcédoine à deux couches. — N° 504 *bis*. La Pudeur résistant à l'Amour. Calcédoine à deux couches. Camée par M. Adolphe David, d'après le groupe de Jouffroy.

**Iconographie grecque et romaine** (Nos 514 à 612). — N° 527. Jules César. Sardonyx à trois couches. — N° 518. Bérénice. Sardonyx à trois couches. — N° 524.

Horatius Coclès. Agate à deux couches. — N° 530. Auguste. Sardonyx à trois couches, avec corniche. — N° 531. Empereur romain. Sardonyx à trois couches, riche monture. — N° 549. Néron. Sardonyx à trois couches, riche monture. — N° 550. Néron. Sardonyx à deux couches, monture figurant une guirlande. — N° 526. Jules César. Agate à deux couches, richement montée. — N° 585. Sabine. Agate à deux couches, monture semblable à celle du N° 550. — N° 581. Hadrien. Sardonyx à deux couches. — N° 582. Hadrien. Agate à deux couches, jolie monture. — N$^{os}$ 566 à 576. Les douze Césars. Coquille. Ces camées ont servi de boutons de pourpoint.

7$^{e}$ SECTION. **Suite de l'iconographie romaine.** — N° 600. Caracalla. Sardonyx à trois couches. — N° 601. Élagabale. Sardonyx à trois couches, jolie monture. — N° 606. Impératrice romaine. Sardonyx à trois couches, riche monture.

**Sujet satirique.** — N° 613. Lion debout arrachant la barbe et les cheveux à un personnage agenouillé devant lui. Sardonyx à trois couches, corniche.

**Portraits d'inconnus et sujets de fantaisie** (N$^{os}$ 614 à 674). — N$^{os}$ 639 à 641. La Fontaine des sciences. Calcédoines à deux couches. — N° 617. Buste de femme. Agate à trois couches, belle monture de la Renaissance. — N° 621. Buste de jeune femme. Agate-onyx à deux couches, jolie monture. — N° 651. Roi nègre. Agate. — N° 652. Roi nègre. Agate à deux couches, très riche monture. — Nos 670 et 671. Bataille. Coquille. — N° 672. Même sujet et même matière, monture en or guillochée. — Nos 673-674. Sujets sur coquille. Ces camées ont formé des bracelets qui ont appartenu, dit-on, à Diane de Poitiers. — Nos 675 à 695. Compositions sur coquille, provenant de la décoration de coffrets. Travail du XVIe siècle.

8e SECTION. **Iconographie moderne** (Nos 323 à 400). — N° 323. Louis II, marquis de Saluces (?). Agate-onyx à deux couches. — N° 324. Charles d'Amboise, seigneur de Chaumont (?). Agate-onyx à deux couches. — N° 369. Charles-Quint. Agate-onyx à deux couches. — N° 370. Philippe II. Agate-onyx à deux couches. — N° 380. André Doria. Lapis-lazuli. — Nos 385-386. Princesse italienne. Agate-onyx à deux couches; le N° 386 a une jolie monture émaillée. — N° 387. Buste de femme. Agate-onyx à deux couches; monture figurant une guirlande de fleurs. — N° 392 *bis*. Bustes de deux époux. Calcédoine à deux couches. Don de M. et Mme Jean Rousseau. — N° 371. Élisabeth, reine d'Angleterre. Sardonyx à trois couches. — N° 373. Même personnage, même matière. Monture en or émaillé. — N° 368. Paul III, pape. Agate-onyx à deux couches. — N° 383. Barberousse. Chaton d'une bague en agate-onyx à deux couches. — N° 383 *bis*. Le Grand Mogol, Châh-Djihan, tuant un lion qui dévore un homme. Sardonyx à trois couches, signée Kan-Aten. — N° 336. Louis XIII enfant. Opale avec monture. — N° 374. Cromwell. Jaspe sanguin. —

N° 375. Bague en jaspe sanguin; le chaton représente Cromwell en buste. — N° 377. Charles II, roi d'Angleterre. Sardonyx à deux couches. — N° 325. François I$^{er}$, roi de France. Sardonyx à deux couches, œuvre de Matteo del Nassaro. — N° 331. Henri IV en Hercule. Agate-onyx à deux couches, monture émaillée ornée de la couronne royale. — N° 334. Henri IV et Marie de Médicis. Coquille appliquée sur sardoine. — N° 337. Louis XIII. La tête en ronde bosse est en grenat, le corps du roi en or émaillé et le tout est appliqué sur une plaque d'or ciselée, avec encadrement émaillé. — N° 346. Louis XIV jeune. Sardonyx à trois couches, corniche. — N° 348. Louis XIV plus âgé. Sardonyx à trois couches, corniche. — N° 350. Louis XV. Sardonyx à trois couches, signée Guay et datée de 1753; monture en or émaillé. — N$^{os}$ 333 et 351. Camées représentant : le premier, Henri IV, le second, Louis XV. Sardonyx à trois couches; fermoirs de bracelets de la marquise de Pompadour. Montures en brillants et émeraudes. — N° 353. Louis XV. Sardonyx à trois couches, signée Guay, montée en bague. — N$^{os}$ 357 et 359. Camées représentant : le premier, qui est daté de 1751, la naissance du duc de Bourgogne, et le second, daté de 1756, la France et l'Autriche se donnant la main; ils sont signés par Guay. Sardonyx à deux couches; autres fermoirs de bracelets de M$^{me}$ de Pompadour. — N° 358. Génie de la musique. Agate-onyx signée : *Pompadour f.* et datée : 1752. — N° 363. Buste de la marquise de Pompadour, sur agate-onyx à deux couches. Ce camée forme le manche d'un cachet de Louis XV, qui représente en creux, sur cornaline, l'Amour tenant un lis et une rose, avec ces mots : *L'Amour les assemble*. Ces deux pierres sont de Guay. — N° 356. Le dauphin, fils de Louis XV, et sa femme Marie-Josèphe de Saxe. Sardonyx signée Guay, élégante monture en or. — N° 365. Napoléon Bonaparte, premier consul. En creux : BONAPARTE. Agate-onyx à deux couches, signée : JEUFFROY. 1801. — N° 367. Fourcroy. Agate à deux couches, signée : « Jeuffroy f. » Legs de la comtesse Fourcroy.

### MÉDAILLIER-VITRINE.

## III

**Camées antiques.** — Ces camées sont rangés dans la vitrine plate surmontant le médaillier qui est placé avant le grand meuble central ; cette vitrine est divisée en quatre sections :

1re SECTION. **Mythologie** (Nos 1 à 130). — Suivre les lignes horizontales de gauche à droite.

N° 38. Vénus se mirant. Sardonyx à deux couches. Ce camée, de travail médiocre, ornait jadis un reliquaire de Saint-Nicolas-du-Port en Lorraine. — N° 51. Mercure. Sardonyx à deux couches, monture en or émaillé. — N° 106. Les chevaux de Pélops. Sardonyx à trois couches. — N° 26. Minerve. Sardonyx à deux couches, monture en or émaillé. — N° 30. Minerve. Sardonyx à trois couches, à corniche, monture en or émaillé. — N° 3. Jupiter. Agate-onyx à deux couches, jolie monture. — N° 78. Faune dansant. Agate-onyx à deux couches. — N° 32. Minerve casquée.

Sardonyx à trois couches, corniche. — N° 59. Naissance de Zagreus ou Bacchus mystique. Sardonyx à deux couches, monture en or émaillé. — N° 10. Junon diadémée (avec l'égide de Minerve)? Sardonyx à deux couches. — N° 24. Diane ou la Lune dans un bige. Sardonyx à deux couches. — N° 96. Hercule barbu. Agate à deux couches, belle monture du XVIIe siècle. — N° 9. Junon. Sardonyx à trois couches, corniche, monture en or émaillé. Camée remarquable par la beauté du travail et celle de la matière. — N° 3495. Laïs sortant du bain; sur un vase placé auprès d'elle, on lit son nom : ΛΑΙC. Sardonyx à deux couches. — N° 4. Jupiter debout. Ce camée, l'un des plus célèbres de la collection, est remarquable non seulement par la beauté du travail et de la matière, mais aussi par l'indication de sa provenance; on lit en effet sur la couronne royale qui décore sa monture et surmonte l'écusson royal de France que : *Charles, roy de France, fils du roy Jehan, donna ce jouyau l'an* MCCCLXVII, *le quart an de son règne.* C'est à la cathédrale de Chartres que ce joyau avait été donné. — N° 85. La Pudeur fuyant le Vice. Sardonyx à deux couches. — N° 8. Junon. Sardonyx à trois couches, corniche, monture en or émaillé. — N° 42. Vénus endormie, entourée d'Amours. Sardonyx à deux couches. — N° 75. Masque de Silène. Agate à deux couches. — N° 61. Bacchus et Ariadne dans un char traîné par deux centaures; au-dessous, Océan et Thétis. Sardonyx à deux couches. — N° 107. Léodamie embrassant l'ombre de Protésilas. Sardonyx à trois couches. — N° 101. Diomède avec le Palladium. Sardonyx à deux couches. — N° 19. Diane. Sardonyx à deux couches, monture en or émaillé. — N° 79. Centaure jouant de la double flûte; devant lui, deux génies ailés. Élégante monture de la Renaissance, figurant un édifice à fronton brisé, sur lequel on lit la devise de celui qui fit monter ce précieux monument. — N° 40. Vénus se disposant à entrer dans le bain; l'Amour est en face de sa mère. Sardonyx à deux couches. La baignoire est de restauration moderne. — N° 46. Les trois Grâces. Sardonyx à deux couches. — N° 14. Apollon et Marsyas. Sardonyx à deux couches. — N° 7. Europe sur le taureau divin qui l'emporte à travers les mers. Agate-onyx à deux couches, monture en or émaillé. — N° 86. Vénus marine, ou la néréide Galéna, portée sur les flots par un hippocampe et entourée de cinq génies ailés. A gauche, en creux, on lit : ΓΛΥΚΩΝ; l'authenticité de cette signature de graveur est douteuse. Sardonyx à trois couches, monture en or émaillé. — N° 87. Néréide sur un hippocampe. Sardonyx à deux couches. — N° 39. Vénus jouant avec les Amours en présence de Silène. Sardonyx à deux couches. — N° 102. L'enlèvement du Palladium par Diomède. Sardonyx à deux couches. — N° 83. Taureau en marche. Sardonyx à trois couches. — N° 45. Même sujet, avec variantes, que sur le camée mentionné plus haut (page 30) sous le n° 42. Sardonyx à deux couches. — N° 6. Jupiter et Antiope. Sardonyx à deux couches. — N° 36. Dispute de Minerve et de Neptune. Sardonyx à trois couches, monture en or émaillé. Camée remarquable à tous égards.

2^e^ SECTION. **Suite de la mythologie et iconographie grecque.** — Dans cette section, pour trouver facilement les pierres indiquées, suivre les lignes verticales.

*1^re^ rangée.* — N° 123. Prêtre vu à mi-corps, voilé, assis sur un siège orné de griffons. Agate à deux couches. — N° 122. Minerve. Ce camée, d'époque basse, est remarquable par sa dimension et sa provenance. On a cru longtemps que ce monument avait été trouvé à Bavay; on sait aujourd'hui qu'il ornait un évangéliaire carolingien de l'église de Saint-Castor de Coblentz. Agate saphirine à deux couches.

*5^e^ rangée.* — N° 16. Griffon. Agate-onyx brûlée. — N° 159. Persée, roi de Macédoine, lançant un javelot. Cornaline orientale, monture en or émaillé. — N° 63. Bacchus et Ariadne. Calcédoine à deux couches, fragment.

*6^e^ rangée.* — Au milieu, N° 49 *bis*. Éphèbe et jeune femme. Agate-onyx à deux couches, fragment.

*7^e^ rangée.* — En haut, N° 88. Pluton assis, Cerbère à ses pieds. Sardonyx à trois couches. — En bas, N° 154. Alexandre le Grand, avec les cornes d'Ammon. Sardonyx à trois couches, monture en or émaillé.

*8^e^ rangée.* — En haut, N° 104. Penthésilée, reine des Amazones, avec Pâris et Hélène. Calcédoine à deux couches, monture en or émaillé. — Au milieu, N° 158. Alexandre le Grand casqué. Riche monture en or émaillé.

*9^e^ rangée.* — N° 163. Lysimaque (?), tête de profil avec

casqué lauré. Sardonyx à trois couches, monture en or émaillé.

*10^e^ rangée.* — Au milieu, N° 164. Deux bustes conjugués et casqués : Minerve et Alexandre le Grand (?). Sardonyx à trois couches.

*11^e^ rangée.* — Vers le haut, N° 108. Dédale et Icare. Calcédoine à deux couches, fragment. — En bas, N° 22. Diane diadémée, buste de profil. Agate-onyx à deux couches.

*12^e^ rangée.* — En bas, N° 109. Tête de Méduse de profil. Calcédoine à deux couches. — Au-dessous, N° 111. Tête de Méduse de trois quarts. Agate à deux couches, fragment.

*14^e^ rangée.* — Vers le milieu, N° 137. Vache. Sardonyx à deux couches.

*15^e^ et dernière rangée.* — En haut, N° 166. Buste de femme de trois quarts. Calcédoine saphirine. — Au milieu, N° 35. Minerve debout. Figurine d'applique en agate-sardonyx. — En bas, N° 165. Buste de femme inconnue. Calcédoine.

3^e^ SECTION. **Camées orientaux et byzantins,** commencement de l'**iconographie romaine.**

Les monuments étant rangés par colonnes verticales, comme dans la section précédente, on les décrira en suivant aussi cet ordre et en commençant par la gauche.

*1^re^ colonne.* **Camées orientaux.** — N° 1401. Lion

couché. Sardonyx à trois couches. Travail perse. — N° 1402. Lion dévorant un taureau. Agate-onyx. Travail de l'époque sassanide.

2e *colonne.* — N° 1404 *bis.* Sapor Ier combattant un taureau. Sardonyx à trois couches, fragment. — N° 1405. Pérose, buste tourné à gauche. Cornaline.

3e *colonne.* — N° 178. Harpocrate. Sardonyx à trois couches. Travail égypto-romain. — N° 180. Dieu égyptien coiffé du schent, avec inscription hébraïque. Sardonyx à trois couches.

**Camées byzantins** (Nos 258 à 267 *bis*). — N° 262. L'Annonciation. Sardonyx à trois couches.

4e *colonne.* — N° 266. Saint Jean l'Évangéliste, avec son nom en grec. Jaspe veiné. — N° 267. Buste de Jésus-Christ, saint Georges et saint Démétrius debout, avec leurs noms en grec. Sardonyx à trois couches, monture en or émaillé.

5e *colonne.* — N° 264. L'Annonciation. Sardonyx à trois couches.

6e *colonne.* — N° 260. Buste du Christ. Jaspe vert. — N° 265 *bis.* Dauphin; invocation à la Vierge. Calcédoine à deux couches. — N° 265. La Vierge et l'Enfant Jésus. Jaspe sanguin. — N° 258. Le Christ debout. Améthyste claire. — N° 268. Amulette. L'inscription grecque, en six lignes, montre que les pierres de cette sorte, dont plusieurs sont placées dans cette vitrine, passaient pour préserver des sortilèges.

**Iconographie romaine** (Nos 184 à 257).

7ᵉ *colonne.* — N° 238. Néron dans un quadrige triomphal, avec son nom en grec. Calcédoine-onyx à deux couches. — N° 250. Septime Sévère et ses deux fils sacrifiant, avec inscription grecque. Sardonyx à trois couches.

8ᵉ *colonne.* — N° 187. Buste à droite d'une jeune fille, la vestale Herennia (?). Agate-onyx à deux couches. — N° 223. L'empereur Claude. Sardonyx à quatre couches, monture en or émaillé. — N° 252. Élagabale lauré. Sardonyx à trois couches, corniche.

9ᵉ *colonne.* — N° 251. Caracalla. Sardonyx à trois couches. — N° 185. Buste lauré, Virgile (?). Agate-onyx à deux couches, fragment. — N° 246. Faustine la Jeune. Sardonyx à trois couches, monture en or émaillé.

10ᵉ *colonne.* — N° 236. Agrippine la Jeune. Sardonyx à trois couches, corniche, monture en or émaillé. — N° 257. Valentinien Iᵉʳ (?). Sardonyx à trois couches, corniche.

11ᵉ *colonne.* — N° 243. Empereur romain à cheval, Caracalla (?), combattant un lion. Agate-onyx à deux couches. — N° 218. Caligula. Sous le buste, les trois sœurs de ce prince, debout; derrière la tête, en relief, le surnom populaire de l'empereur : CALIGVLA. Agate-onyx à deux couches. — N° 233. Agrippine la Jeune. Sardonyx à trois couches, corniche.

12ᵉ *colonne.* — N° 193. Buste en haut-relief d'Auguste lauré. Agate-onyx à deux couches. — N° 239.

M. Ulpius Trajanus, père de l'empereur Trajan (?). Lapis-lazuli, fragment. — N° 206. Antonia, mère de Germanicus. Agate-onyx à deux couches.

*13e colonne.* — N° 235. Agrippine la Jeune. Sardonyx à quatre couches. — N° 229. Agrippine la Jeune. Calcédoine à deux couches.

*14e colonne.* — N° 232. Agrippine la Jeune diadémée. Sardonyx à trois couches, corniche. — N° 214. Drusus l'Ancien. Agate-onyx à deux couches. — N° 212. Tibère. Calcédoine-onyx à deux couches, cassures.

*15e colonne.* — Nos 118 à 121. Phalères ou médaillons en pierres dures ayant servi de décorations militaires.

4e SECTION. **Suite de l'iconographie romaine.** — On suivra les lignes horizontales.

N° 255. Triomphe d'un empereur, probablement Licinius. Sardonyx à trois couches, monture en or émaillé. — N° 204. Caïus César, petit-fils d'Auguste. Sardonyx à deux couches, monture en or émaillé. — N° 256. Constantin II à cheval, prêt à percer deux ennemis de son javelot. Sardonyx à deux couches. — N° 211. Tibère. Sardonyx à trois couches, monture en or. — Nos 220 et 221. Claude. Sardonyx à trois couches et agate-onyx à deux couches. — N° 219. Caracalla et Drusilla, sa sœur. Sardonyx à trois couches. — N° 228. Messaline. Sardonyx à trois couches, monture en or émaillé. — N° 210. Agrippine l'Ancienne, femme de Germanicus. Sardonyx à trois couches. — N° 189. Jules César, Auguste, Tibère et Germanicus. Sardonyx à trois couches. Monument remarquable par sa belle monture de la Renaissance. — N° 230. Agrippine, femme de Claude. Sardonyx à trois couches, avec corniche. — N° 225. Claude. Sardonyx à trois couches, corniche, monture en or émaillé. — N° 209. Apothéose de Germanicus. Sardonyx à trois couches, belle monture. Camée de premier ordre. — N° 213. Drusus l'Ancien. Agate-onyx à deux couches, jolie monture. — N° 201. Julie, fille d'Auguste. Sardonyx à trois couches. Au point de vue de l'art, cette pierre, quoique fragmentée, est une des plus remarquables de cette série. — N° 196. Auguste. Calcédoine bleuâtre. — N° 242. Hadrien. Agate-onyx à deux couches, monture en or émaillé. — N° 227. Claude et Messaline divinisés, dans un char traîné par deux dragons. Sardonyx à quatre couches, belle monture en or émaillé. — N° 234. Agrippine la Jeune. Sardonyx à trois couches. — N° 203. Julie, fille d'Auguste. Sardonyx à trois couches, monture en or émaillé. — N° 231. Agrippine la Jeune. Sardonyx à trois couches, monture en or émaillé. — N° 249. Septime Sévère, Julia Domna, sa femme, et leurs fils, Caracalla et Géta. Sardonyx à trois couches. — N° 240. Trajan. Sardonyx à trois couches, corniche, monture enrichie de deux rubis. Camée remarquable à tous points de vue. — N° 194. Auguste. Sardonyx à trois couches. — N° 202. Julie, fille d'Auguste. Sardonyx à trois couches. — N° 197. Auguste. Sardonyx à deux couches, riche monture.

### GRAND MEUBLE CENTRAL.

### IV

Dans la partie supérieure de ce meuble, divisée en sept travées, sont réunis des monuments de premier ordre.

Dans la 1re *travée*, sur la face qui se présente d'abord au visiteur poursuivant sa marche, N° 247, buste d'agate calcédoine, représentant Annius Vérus en Bacchus. On lit sur ce curieux monument : VERINVS CONSVLIS PROBAT TEMPORA. Provient de l'abbaye de Saint-Denis.

Sur l'autre face, du côté de la fenêtre, N° 279, canthare de sardonyx orné de bas-reliefs représentant des sujets bachiques. Ce précieux monument est connu sous le nom de *Coupe des Ptolémées;* il provient également de l'abbaye de Saint-Denis.

Au-dessous, un choix de médaillons et de monnaies du Haut et du Bas-Empire. Plusieurs de ces pièces ont été montées en bijoux dans l'antiquité et ont conservé leurs montures. Au milieu, un très grand médaillon d'Honorius et un autre de Galla Placidia, sa femme. Sur la dernière ligne, à gauche, un médaillon de Dioclétien; à droite, un médaillon de Licinius fils.

2e *travée.* — N° 2779. Coupe composée d'une armature en or et de trois rangées de médaillons en cristal de roche et en verre de couleur. Le sujet principal, qui occupe l'ombilic de cette coupe, offre l'effigie, sculptée sur cristal de roche, de Chosroès Ier, roi de Perse, de la dynastie des Sassanides, assis sur son trône. Provient de l'abbaye de Saint-Denis.

Au-dessous, N° 2089, intaille sur aigue-marine, représentant Julie, fille de Titus; elle est signée en grec par le graveur Évodos. Ce monument, dont la monture remonte à l'époque carlovingienne, décorait un reliquaire dit *escrain de Charlemagne*, conservé dans le trésor de l'abbaye de Saint-Denis.

*3e travée.* — Nos 2780 et 2781. Calice et plateau d'or de l'époque mérovingienne, trouvés à Gourdon, à la fin du règne de Louis-Philippe. Ces précieux objets sont décorés de verroteries, analogues à celles des monuments découverts à Tournai sous le règne de Louis XIV, dans le tombeau de Childéric Ier.

Au-dessous, collier formé de cinq colonnettes d'or, aux extrémités desquelles sont suspendus quatre monnaies impériales romaines d'or et deux camées représentant, l'un Minerve, et l'autre Julia Domna. Trouvé à Naix en 1809. — Autour, trois monnaies romaines d'or avec montures antiques, dont deux de Caracalla et une de Postume.

*4e travée.* — Cette travée, qui occupe le milieu du meuble, renferme deux monuments de la plus haute importance : 1° le *Grand camée de France*, autrement dit *Camée de la Sainte-Chapelle*, parce qu'il fut conservé dans cette collégiale depuis l'époque de saint Louis jusqu'à la Révolution; 2° une monnaie d'or d'un roi de la Bactriane.

Le camée, qui est le plus grand et le plus important que l'on connaisse, représente l'apothéose d'Auguste. Il est divisé en trois parties : en haut, Auguste, monté sur Pégase, arrive au séjour céleste; au milieu, Tibère et Livie, assis, accueillent Germanicus; ils sont entourés des membres de la famille des Césars; en bas, captifs germains et orientaux. Sardonyx à cinq couches. Hauteur, o m. 30; largeur, o m. 26.

La monnaie a été frappée par Eucratide, roi grec de la Bactriane; elle pèse 20 statères. On a dit plus haut que le camée de la Sainte-Chapelle était le plus grand de tous ceux que l'on connaît; on dira ici que cette monnaie est la plus grande des monnaies antiques d'or et l'on ajoutera qu'elle est unique jusqu'à ce jour. — D'un côté, est représentée l'effigie du roi, coiffé du casque macédonien; de l'autre paraissent les Dioscures à cheval et le nom d'Eucratide en grec. Module 58 millimètres.

*5e travée.* — Nef antique ou gondole de sardonyx, ornée au moyen âge d'une monture d'or enrichie d'émaux et de pierreries.

Au-dessous, collier étrusque en or, formé de cinq pendants garnis de larges belières. Une statuette étrusque de bronze, mentionnée plus loin, représente Apollon portant un collier semblable à celui-ci.

Au-dessus, à droite et à gauche, trois bulles d'or avec belière, ayant servi de pendants de collier. Celle d'en haut représente le jugement d'Oreste; sur celles de droite et de gauche, figure la naissance de Bacchus.

Plus bas, à gauche, tête du Soleil radieux; à droite, tête de taureau. Ces deux objets sont en or.

6e *travée.* — Patère de Rennes. Ce plat d'or massif est d'une importance inappréciable; on chercherait vainement dans les musées de l'Europe un pendant à ce monument qui fut découvert à Rennes en 1774. L'*emblema* représente un défi entre Bacchus et Hercule, ou le triomphe du vin sur la force. Le bord intérieur de la coupe est orné de seize monnaies d'or de l'époque des Antonins.

Au-dessous, un camée antique représentant Auguste. L'empereur est couronné de chêne et d'olivier. Cette belle pierre provient de l'abbaye de Saint-Denis; elle a conservé sa monture du moyen âge.

7e *travée.* — Buste d'agate représentant, à ce que l'on croit, Constantin le Grand, la tête nue, portant le *paludamentum* et une cuirasse ornée d'une croix. Ce buste a longtemps surmonté le bâton de chœur du chantre de la Sainte-Chapelle.

Au-dessous, quatre médaillons uniques en or, provenant d'une trouvaille faite à Tarse, en Cilicie, et connue sous le nom de *Trésor de Tarse.* 1° Le moins grand des quatre a été frappé sous Alexandre Sévère, vers l'an 230 de Jésus-Christ; ce médaillon donne la date de l'enfouissement et, avec grande vraisemblance, celle des trois autres trouvés en même temps, ainsi que celle de divers bijoux qui ne sont pas entrés dans la collection nationale. 2° Le grand médaillon placé à gauche représente Hercule jeune ou Alexandre le Grand en Hercule. Au revers, Alexandre le Grand à cheval perçant un lion de son javelot. Légende : BACIΛEVC ΑΛΕΞΑΝΔΡΟC. 3° Le médaillon du milieu représente Alexandre le Grand la tête nue; le revers est semblable à celui du médaillon précédent. 4° Sur la face du médaillon de droite, buste d'un personnage barbu et diadémé, revêtu d'une cuirasse sur laquelle est sculpté Ganymède enlevé par l'aigle. Au revers, Victoire tenant une palme, debout dans un quadrige. Légende : BACIΛEωC ΑΛΕΞΑΝΔΡΟV.

Sur la *face latérale de la 7e travée*, buste de face, en haut-relief, à l'effigie d'Auguste. Agate. On y lit l'inscription : ΕΚ ΤωΝ ΑΓΙωΝ Μ, laquelle nous apprend que ce précieux monument a fait partie d'un reliquaire.

Autour de cette vitrine, sont disposées dix-huit petites vitrines plates et aux extrémités deux vitrines demi-circulaires également plates.

*Vitrine demi-circulaire A*, la plus éloignée de la porte d'entrée. — Ceinturon gaulois (ou peut-être bracelet déroulé) en or massif, trouvé en 1843 à Saint-Leu-d'Esserent (Oise). — Au centre de ce ceinturon, bracelet gallo-romain en or, trouvé à Pont-Audemer (Eure). — En haut, au milieu, bandeau grec en or, trouvé dans un tombeau à Athènes; donné par Raoul Rochette. — Au-dessous, *torques* en argent. — Puis une petite tête de Vénus en argent, provenant d'une patère dont elle formait l'*emblema*. — En pendant au ceinturon gaulois, une couronne formée de feuilles de laurier dorées, provenant d'un cercueil égyptien. — Cette vitrine contient en outre de menus bijoux d'or et d'argent.

A gauche, en remontant, du côté des fenêtres, on rencontre neuf des dix-huit petites vitrines plates indiquées plus haut.

*1^re vitrine.* — Au milieu, miroir étrusque en bronze, orné d'un sujet en relief avec incrustations d'or et d'argent : Hercule, accompagné de Iolas, reçoit les avis de Minerve. — A gauche, miroir grec en bronze et sa boîte. La boîte est ornée de deux figures ailées en relief, Éros et peut-être Nikě (la Victoire); le miroir présente deux figures dessinées au trait et argentées, Apollon et Diane. — A droite, autre boîte de miroir grec, en bronze, avec sujet en relief, Bacchus et Silène.

*2^e vitrine.* — Objets divers en verre. — En haut, au milieu, fragment d'un vase à fond bleu, en pâte de verre, avec sujets en relief, analogue au célèbre vase Portland du British Museum et représentant Persée délivrant Andromède. — A gauche, fragment d'une imitation de camée, Minerve. — A droite, autre fragment de vase analogue à celui que l'on vient de mentionner. Satyre accompagné d'une bacchante entraînant un bouc. — Au milieu, masque de Méduse en pâte de verre verte. — En bas, fragments de vases avec sujets dorés datant des premiers temps du christianisme. Le moins grand et le plus remarquable représente le buste de saint Callixte, avec la légende CALLISTVS.

*3e vitrine.* — On y voit des bagues antiques en or et des fibules trouvées dans des tombeaux. Vers le milieu de la cinquième rangée, une plaque mince en or (amulette) avec inscription grecque, rapportée d'Athènes et donnée au Cabinet des Médailles par Raoul Rochette.

*4e vitrine.* — Bracelets, fibules et colliers d'or de diverses provenances. — A droite, vers le milieu, plaque en or estampée et découpée, sur laquelle figure une divinité panthée qui personnifie peut-être la ville de Panticapée d'où provient cet objet.

*5e vitrine.* — En haut, collier étrusque formé de quinze plaques d'or très minces, travaillées au repoussé, offrant alternativement deux sujets : 1° l'enlèvement de Thétis par Pélée; 2° une divinité ailée, Vénus, suivant plusieurs archéologues. — Au-dessous, autre collier, formé de huit nœuds d'or alternant avec des cylindres d'émeraude d'Égypte; puis divers bijoux et plusieurs monnaies romaines en or disposées pour orner des colliers.

*6e vitrine.* — Bracelet en or, collier, fermoir de ceinture au revers duquel on lit en relief : VICTORINVS M. — On remarquera particulièrement dans cette vitrine deux plaques rondes, en or, avec sujets en relief représentant, celle de droite, Bacchus, celle de gauche, Silène.

*7e vitrine.* — Nombreux anneaux d'or, ornés les uns de chatons formés de pierres gravées ou non gravées, les autres de simples chatons en or, gravés ou non, quelquefois avec ornements en relief. — La deuxième rangée est entièrement composée d'anneaux étrusques. — Le dernier anneau de la cinquième rangée a pour chaton un rare quinaire de l'empereur Maximin Ier.

*8e vitrine.* — Cette vitrine est entièrement consacrée à des imitations de camées et de pierres gravées en pâte de verre, remontant pour la plupart à l'antiquité. La cinquième de la première rangée paraît dater de l'époque carolingienne; on y lit ces mots : BENEDICAT NOS DS.

*9e vitrine.* — Elle est consacrée comme la précédente à des monuments en pâte de verre, dont plusieurs portent des signatures de verriers.

*Vitrine demi-circulaire B.* — Située à l'une des extrémités du meuble central, cette vitrine est la plus rapprochée de la porte d'entrée et vient immédiatement après la vitrine précédente.

Au milieu, onze camées ou pierres gravées et un bijou en or émaillé entourés d'un cordonnet, composant l'ensemble du legs fait en 1846 par M. Henri Beck. On signalera, en haut, un camée antique représentant Auguste. Sardonyx à trois couches, monture en or. — Au-dessous, le jugement de Pâris. Camée sur sardonyx à trois couches. — Plus bas, autre camée sur sardonyx à trois couches, avec corniche, représentant l'Espérance. Style archaïque. — Tout à fait en bas, un camée antique à l'effigie d'Auguste et d'Agrippa. Sardonyx à trois couches. — A gauche de ce dernier camée, enseigne de bonnet, de l'époque de la Renaissance, munie de quatre belières et ornée d'un bas-relief en or émaillé figurant une bataille.

A gauche du legs Beck, celui de Prosper Mérimée (1870) : intaille ayant servi de pendant de collier et deux anneaux d'or dont les chatons sont ornés de pierres gravées.

A droite, le legs du vicomte Ph. de Saint-Albin (1879). En bas, camée représentant Antonia, femme de Drusus; on y lit une signature gravée par une main moderne : CATOPNЄINOV. Calcédoine à deux couches. — Au-dessus, Louis XVI. Camée sur calcédoine à deux couches. — A gauche, Marie-Antoinette. Cornaline gravée en creux. — A droite, une autre cornaline gravée en creux. On a voulu y voir le portrait de Timoléon.

Cette vitrine contient en outre, en haut, trois morceaux de sardonyx à plusieurs couches préparés pour la gravure, de nombreux bijoux en or et particulièrement des pendants d'oreilles. Dans le nombre, vers le bas et au milieu, une figure de la Victoire ailée, rapportée d'Athènes; à droite, dans l'angle, deux figurines d'Horus, sur socles de marbre.

En continuant sa route autour du meuble central, le visiteur aura sous les yeux les neuf autres vitrines plates.

10e *vitrine.* — Elle renferme des anneaux antiques, en bronze pour la plupart. Quelques-uns sont en argent, d'autres sont dorés.

11e *vitrine.* — Inscriptions sur bronze et cachets d'oculistes.

12e *vitrine.* — Poids grecs.

13e *et* 14e *vitrines.* — Instruments divers et objets de toilette, en bronze.

15e *vitrine.* — Diverses inscriptions sur bronze, dont trois données par Benjamin Fillon en 1878. Au milieu, une cymbale votive, en bronze, avec l'inscription : MATRI DEVM CAMELLIVS TVTOR EX VOTO. (*A la mère des Dieux, Camellius Tutor, en exécution d'un vœu.*)

16e *vitrine.* — Estampilles en bronze, à l'usage des potiers.

17e *vitrine.* — En haut, instruments monétaires romains : coins, poinçons, moules. — En bas, les coins d'un sequin de Louis Mocénigo, doge de Venise de 1570 à 1577. — Au-dessus de l'un de ces coins, à gauche, le poinçon d'une médaille représentant le peintre Berettini de Cortone. On remarque en outre plusieurs poids romains.

18e *vitrine.* — En haut, douze fragments d'une patère votive de bronze, sur lesquels on lit une inscription phénicienne écrite en caractères d'une très haute antiquité; ces fragments, rapportés de l'île de Chypre en

1877, paraissent provenir d'un temple de Baal au Liban. — En bas, au milieu, une inscription grecque sur plaque de plomb, contenant des imprécations. — A côté, à droite, le revers d'un médaillon en l'honneur des empereurs Dioclétien et Maximien Hercule; plomb.

Sur la *plate-forme du meuble central* dont on vient de parler, cinq vases antiques. Au milieu, une amphore de la Cyrénaïque, à panse cannelée. — A droite et à gauche, vases noirs à anses cordelées et à panse cannelée. Fabrique de la Cyrénaïque. — A l'extrémité de cette plate-forme, du côté de l'arrivée, un cratère représentant sur sa face principale un combat entre les Athéniens et les Amazones; sur l'autre face, un satyre et deux ménades. — A l'autre extrémité, le pendant de ce vase. Sujet principal, combat des Amazones contre les Griffons; au revers, Victoire ailée, debout entre un pédotribe et un athlète.

VITRINE.

## V

Dans l'embrasure de la cinquième fenêtre, vitrine en bois de chêne divisée en deux parties.

1° D'un côté, dans la partie supérieure, une série de rares monnaies d'or, d'argent et de bronze de divers empereurs des Gaules; un camée d'agate à deux couches, représentant Mélampos et les Prœtides, et un bracelet en or sur lequel sont représentées, gravées en creux, les divinités des sept jours de la semaine. Ces monnaies et ces deux joyaux ont été donnés par M. le baron de Witte, membre de l'Institut de France et de l'Académie royale de Belgique.

Dans la partie inférieure, divers objets du moyen âge et de la Renaissance, parmi lesquels deux triptyques avec peintures religieuses de style byzantin.

2° De l'autre côté, dans la partie supérieure de cette même vitrine, un choix de monnaies, de médailles et de pierres gravées acquises récemment.

Dans la partie inférieure, trois olifants, deux boîtes de poids à l'usage des changeurs, données, l'une par M. Dauban, l'autre par M. Chassaing; une troisième a été acquise en 1848.

### VITRINE.

## VI

Autre vitrine en bois de chêne; elle est placée dans l'embrasure de la troisième fenêtre.

1er CÔTÉ. — *Partie supérieure. 1re rangée.* — En commençant par la gauche, émail cloisonné, sur plaque d'or, représentant le Christ en croix entre la Vierge et saint Jean (XIVe siècle). — Bulle d'or de Charles Ier d'Anjou, roi de Naples et de Sicile. — Umbo de bouclier, en bronze revêtu d'une feuille d'or décorée d'ornements en S. Ce monument, attribué à l'époque gauloise, a été trouvé à Auvers (Seine-et-Oise) dans la propriété de M. Alex de Gossellin qui l'a donné, en 1883, au Cabinet des Médailles. — Fibule monétiforme anglo-saxonne en or; on y distingue des vestiges du nom de la ville de Londres. — Joyau en or émaillé, dont le sujet en relief est l'Adoration des mages (XVIe siècle).

2e *rangée.* — Le 3e bijou est un anneau d'or émaillé, dont le chaton est une tête de nègre en agate. — 4e joyau; dans l'ornementation figurent deux mains jointes et deux Amours. Or émaillé (XVIe siècle).

3e *rangée.* — Bague mérovingienne en bronze doré, avec le monogramme du possesseur. Don de M. Louis Fould, 1856. — Anneau d'or de l'époque mérovingienne, à double chaton, avec les noms, gravés en creux, des époux *Baudulfus* et *Hariculfa.* — Autre bague mérovingienne en or, dont le chaton offre une tête de profil, avec le nom, gravé en creux, du possesseur RAGNETHRAMNVS. — Au milieu, le sceau ou bulle d'or de Louis XII, roi de France. Ce prince est représenté assis sur son trône, le sceptre à la main; au revers, contre-sceau à ses armoiries. — A côté, un anneau d'or, de travail italien, avec les armes et le nom du possesseur gravés en creux; on distingue les lettres : MARIN PIXIAN. Don de M. Alphonse de Cailleux, membre de l'Institut, 1853. — Les deux anneaux suivants, avec inscription en sanscrit, ont été donnés en 1834 par M. Van der Poel de Samarang (Java).

5e *rangée.* — Au milieu, joyau représentant un monogramme imité de celui de Jésus-Christ. Ce monogramme est figuré, d'un côté, en diamants et, de l'autre, en émail.

6^e. *rangée.* — Plaque en or massif, avec verroteries enchâssées, représentant la Sainte Face, le monogramme du Christ et les lettres symboliques A et Ω (VI^e ou VII^e siècle). — Au milieu, pectoral carré, en or, à alvéoles dans lesquelles sont enchâssées des verroteries. Travail de l'époque mérovingienne.

*Partie inférieure.* — Émaux du moyen âge. — Plat en faïence du Beauvoisis, du commencement du XVI^e siècle, représentant les instruments de la Passion.

2^e CÔTÉ. — *Partie supérieure.* — Monuments trouvés, en 1653, près de Tournai, dans un tombeau que l'on croit être celui de Childéric I^er.

*Partie inférieure.* — Crosse et divers objets du moyen âge.

### MÉDAILLIER-VITRINE.

## VII

Après le meuble central, vient une vitrine divisée en quatre sections et contenant **un choix de monnaies romaines et byzantines.**

1^re SECTION. — Choix d'anciennes monnaies romaines et italiques. — On remarquera deux pièces romaines de 5 as. L'une, au commencement de la première rangée, représente un bœuf sur chacune de ses faces. On sait que le nom générique de l'argent, en latin, est *pecunia*, de *pecus* qui signifie bétail. L'autre pièce, à l'extrémité de cette rangée, montre, d'un côté, deux poulets et deux étoiles et, de l'autre, deux tridents. — Sur cette même rangée, un as portant, d'un côté, la tête de Janus et, de l'autre, une proue de navire; le second de ces types s'est perpétué jusqu'à la fin de la République. — Dans la dernière rangée, on citera un quadrans frappé à Rimini, dans l'Ombrie. Sur le côté principal, on reconnaît la tête d'un Gaulois, le *torques* au cou. On sait que l'Ombrie fut habitée par une colonie de Gaulois sénonais.

2e SECTION. — Choix de monnaies de la République romaine et de l'Empire romain. — Dans la première rangée, les divisions de la monnaie sous la République : le denier, le quinaire, le sesterce, le victoriat et le demi-victoriat. — En ce qui concerne l'époque de la République, des étiquettes indiquent les noms des familles romaines auxquelles appartenaient les magistrats monétaires qui ont fait frapper chacune de ces pièces. — Pour l'époque impériale, des étiquettes donnent le nom de l'empereur, et aussi les noms des impératrices et de divers membres de la famille impériale, dont certaines monnaies nous donnent les portraits.

3e SECTION. — Suite de l'Empire romain.

4e SECTION. — Fin de l'Empire romain d'Occident, l'Empire d'Orient et quelques médaillons dits *contorniates*, intéressants pour l'iconographie et pour l'histoire des jeux chez les Romains.

### GROUPE DE MÉDAILLIERS-VITRINES.

## VIII

Plus loin, dans la même direction, un groupe de

quatre vitrines divisées chacune en deux sections. Elles comprennent un **choix de monnaies antiques** rangées d'après l'ordre géographique de Strabon. Des inscriptions en lettres d'or sur maroquin vert indiquent les grandes divisions régionales; des étiquettes écrites à la plume et placées sous les médailles donnent les noms des villes ou ceux des rois.

1re SECTION. — Espagne, Gaule, Italie, commencement de la Sicile.

2e SECTION. — Fin de la Sicile, Chersonèse Taurique (Crimée), Thrace, commencement de la Macédoine.

3e SECTION. — Fin de la Macédoine, Thessalie, Épire, Béotie, Attique, Achaïe, Laconie, Arcadie, Crète, Eubée, les îles d'Europe.

4e SECTION. — Bosphore Cimmérien, Colchide, Pont, Bosphore, Paphlagonie, Bithynie, Mysie, Pergame, Troade, Ténédos, Éolide, Lesbos, Ionie.

5e SECTION. — Îles de l'Ionie, Carie, îles de la Carie, Lycie, Pamphylie, Pisidie, Isaurie, Cilicie, Chypre, commencement de la Lydie.

6e SECTION. — Fin de la Lydie, Phrygie, Galatie, Cappadoce, Arménie, rois de Syrie, Commagène, Cyrresthique, Chalcidène, Palmyrène, Séleucide et Piérie, Cœlésyrie.

7e SECTION. — Trachonitide, Décapole, Phénicie, Galilée, Samarie, Judée, Arabie, Mésopotamie, rois des

Perses, Élymaïde, rois des Parthes, rois perses de la dynastie sassanide, Bactriane, rois indo-scythes, rois de la Characène, Assyrie, Babylonie.

8e SECTION. — Égypte, Libye, Cyrénaïque, Syrtique, Byzacène, Zeugitane (Carthage, Utique, etc.), Numidie, Mauritanie.

### GROUPE DE MÉDAILLIERS-VITRINES.

## IX

Comme le précédent, ce groupe est composé de quatre médailliers-vitrines et divisé également en huit sections. Là se trouve un **choix de monnaies et de médailles du moyen âge et des temps modernes.**

1re SECTION, contenant un choix de monnaies françaises depuis les rois mérovingiens jusqu'à nos jours. — A signaler, un sol d'or de Théodebert Ier, un autre de Dagobert Ier, unique jusqu'à ce jour. — Parmi les pièces de la deuxième race, on nommera le denier avec le monogramme de Pépin; celui à l'effigie de Charlemagne, qui précède un sol d'or de Louis le Débonnaire, remarquable par sa rareté, la beauté de son travail et sa conservation. — La troisième race est représentée par un grand nombre de pièces de premier ordre : un denier de Hugues Capet, frappé à Paris; l'écu d'or de saint Louis; un pied-fort de Louis XI; les ducats d'or de Louis XII; la première pièce de la série de François Ier, œuvre de Matteo del Nassaro; les deux belles monnaies de Henri II, par Marc Béchot (deuxième et troisième pièces de ce règne); la première de Charles IX, essai d'un travail exquis; la troisième pièce du règne de Henri III; le franc du cardinal de Bourbon (Charles X de la Ligue); la troisième du règne de Henri IV; les belles monnaies de Louis XIII, gravées par N. Briot et J. Warin; puis des pièces de la première République, du Consulat, du premier Empire, de la Restauration, de la Monarchie de 1830, de la deuxième République, du deuxième Empire et de la troisième République.

2e SECTION. — Choix de monnaies françaises seigneuriales.

3e SECTION. — Choix de monnaies étrangères, de l'Italie, des princes croisés, de l'Espagne, du Portugal, de l'Empire, de la Suisse, des Sept Provinces Unies, de la Grande-Bretagne, de la Pologne et de la Russie.

4e SECTION. — Suite des monnaies étrangères. Fin de la Russie, le Danemark, la Suède, les monnaies obsidionales, l'Amérique. Viennent ensuite des monnaies arabes, chinoises, japonaises et du royaume de Siam.

5e SECTION. — Médailles de divers pays de l'Europe. Chacune de ces pièces ayant son étiquette explicative, il n'est pas nécessaire de les signaler autrement. On notera cependant qu'au milieu de ces médailles étrangères, il en est deux qui sont dues au grand artiste français Guillaume Dupré : celles de Marc-Antoine Memmo, doge de Venise, et de Ph.-Guillaume de Nassau, prince d'Orange. On fera remarquer aussi deux médailles allemandes en pierre représentant Georges Winckler et Sixte Eysselin, enfin celle en bois de poirier qui représente un personnage inconnu du XVI^e siècle.

6^e SECTION. — Médailles italiennes des XV^e et XVI^e siècles. On signalera celle qui représente le peintre Victor Pisano et plusieurs autres dues à ce grand artiste qui paraît avoir, dès la première moitié du XV^e siècle, inauguré l'art de modeler, en cire ou en terre, des médailles que l'on coulait en divers métaux.

7^e SECTION. — Médailles représentant divers personnages français depuis le XV^e siècle. Toutes ces pièces se distinguent soit par la beauté du travail, soit par l'intérêt iconographique.

8^e SECTION. — Médailles de souverains français et de membres des anciennes familles souveraines. A la *1^re rangée*, une médaille de F. Laurana, représentant Louis XI, donnée par Arnold Morel-Fatio; puis quatre médailles en or frappées sous Charles VII et deux autres frappées sous Louis XI. A l'extrémité, une médaille, en bronze, de Louis XII avec Anne de Bretagne au revers.

A la *2^e rangée*, une médaille en or de Charles VIII et d'Anne de Bretagne, puis une médaille de bronze représentant François I^er, signée BENVENVT (Benvenuto Cellini).

A la *3^e rangée*, des médailles d'or de Henri II, d'Antoine de Bourbon, roi de Navarre, père de Henri IV, et deux de Louis XII; la dernière de celles-ci, dont le champ n'est pas fleurdelisé, est de Michel Colombe.

A la *4e rangée*, une médaille en or de Henri IV et de Marie de Médicis, par G. Dupré; puis la médaille, également en or, exécutée par Jean Warin pour la pose de la première pierre de la façade du Louvre qui devait être élevée d'après les plans du cavalier Bernin ; on y voit d'un côté le portrait de Louis XIV et de l'autre cette façade d'après les projets de Bernin. Plus bas, une médaille, en bronze ciselé, de Jeanne d'Albret, mère de Henri IV; le médaillon en bois de François Ier; une médaille en argent de Marie de Médicis, par G. Dupré; un grand médaillon en or représentant Anne d'Autriche et son fils Louis XIV, par J. Warin. Enfin, à la *dernière rangée*, une série de médailles de Louis XV, Louis XVI, Bonaparte, premier consul, et Napoléon Ier.

## VITRINE DU TRÉSOR DE BERNAY.

### X

En quittant le meuble précédent, le visiteur a sous les yeux la magnifique collection d'orfèvrerie antique en argent, découverte le 21 mars 1830 au Villeret, commune de Berthouville, arrondissement de Bernay (Eure). Elle formait le trésor du *sacellum* de Mercure d'une villa gallo-romaine située au lieu dit *Caneto*, d'où le surnom de *Canetonensis* donné au dieu tutélaire sur plusieurs de ces monuments. Les ex-voto de ce *sacellum* sont de diverses époques : il en est d'admirables au point de vue de l'art, tandis que certains autres attestent une époque de décadence.

On citera les deux statues de Mercure. La plus grande est arrivée entière jusqu'à nous, sauf la partie supérieure du crâne; le travail est d'une basse époque; au contraire, la moins grande est d'un style supérieur, mais elle nous est arrivée en morceaux. Un graveur en médailles, M. Depaulis, l'a fort habilement restituée en rétablissant en cire les parties détruites.

A droite et à gauche sur la plate-forme, quatre paires de vases ornés de bas-reliefs représentant, les uns, des scènes homériques, les autres, divers sujets mythologiques d'excellent style et qui paraissent provenir du même atelier que certains vases, également en argent, du Musée de Naples, provenant de Pompéi et sur lesquels paraissent des sujets analogues.

A l'extrémité de la vitrine, du côté des fenêtres, une patère à godrons dont l'ombilic représente soit Omphale, soit une bacchante couchée sur la peau du lion d'Hercule dont la massue lui sert de chevet.

Au-dessus de cette patère, un vase en forme de gobelet, représentant un athlète vainqueur, deux divinités, peut-être Jupiter et Junon, enfin la nymphe de la fontaine Pyrène et Pégase.

Sur le devant de la vitrine, vers la gauche, un disque au milieu duquel est représenté un cavalier poursuivi par une lionne et un loup. On lit sur ce monument le nom du personnage C. Propertius Secundus qui l'avait offert en ex-voto à Mercure de Caneto. — A droite de ce disque, une patère dont l'ombilic représente Mercure debout. Cet ex-voto a été consacré, d'après l'inscription en lettres d'or, par Julia Sibylla.

A l'extrémité de la galerie, sur les deux grands médailliers (Nos XI et XII) mentionnés plus haut, sont placés une statuette et des bustes de diverses époques.

MÉDAILLIER.

## XI

Vers la droite, buste en basalte vert, mutilé, trouvé vers 1835 à Rambouillet dans une auberge où il servait de contrepoids à une broche; on y a vu Scipion l'Ancien. Au milieu, statuette en marbre attribuée à Ælia Flaccilla, femme de Théodose le Grand; à sa droite, buste en bronze de Tibère.

MÉDAILLIER.

## XII

Sur ce médaillier, dix bustes ou têtes en marbre, parmi lesquels on distinguera : 3° Atys; 5° le médecin grec Marcus Modius Asiaticus; 9° un enfant que l'on a dit être Néron.

En remontant la galerie, sur les six médailliers (Nos XIII à XVIII) qui contiennent la plus grande partie des collections de médailles grecques et romaines, divers autres bustes et monuments antiques.

MÉDAILLIER.

## XIII

Sur ce médaillier, au milieu, petit tombeau en terre

cuite, orné d'un bas-relief représentant le combat d'Étéocle et de Polynice. — A gauche, sur le second rang, une statuette de Vénus, en pierre calcaire, provenant de l'île de Chypre. — A droite, autre statuette de Vénus, même matière.

MÉDAILLIER.

## XIV

Au premier rang, à gauche, tête de Silène, de marbre blanc. — Au milieu, buste viril en marbre; on l'a parfois dénommé Trajan père. — A droite, tête de jeune satyre jouant de la flûte. Marbre.

MÉDAILLIER.

## XV

Au premier rang, à gauche, tête de Génie enfant. Marbre. — Au milieu, urne funéraire en albâtre oriental, avec son couvercle. — A côté, tête d'un jeune satyre, en marbre. — Puis, fragment d'une tête de femme diadémée. Marbre.

MÉDAILLIER.

## XVI

A gauche, buste en marbre attribué à Julia Cornelia Paula, première femme d'Élagabale. — A droite, tête attribuée à Messaline, deuxième femme de Claude. Marbre.

MÉDAILLIER.

## XVII

A gauche, urne cinéraire à deux anses, avec couvercle.

Marbre. — A droite, autre urne aussi en marbre, mais sans couvercle.

MÉDAILLIER.

## XVIII

A gauche, tête voilée d'un empereur romain. Marbre rapporté de Tunisie en 1884. — Au milieu, statuette en marbre, représentant une danseuse. — Tête de femme romaine, en marbre, rapportée de Tunisie en 1884. — Derrière la danseuse, pied, en marbre, d'un candélabre; sur chacune des trois faces, une divinité, Diane, Bacchus et Mercure.

A droite et à gauche de la porte d'entrée, deux grandes vitrines d'antiquités (N[os] XIX et XX).

VITRINE.

## XIX

Au milieu de cette vitrine, grand disque en argent, longtemps célèbre sous le nom impropre de *Bouclier de Scipion*. La scène figurée paraît représenter *Briséis rendue à Achille*. — A droite, autre grand disque en argent, connu sous le nom de *Bouclier d'Annibal* et sur lequel on voit un lion en marche et un palmier. Ce nom lui a été donné uniquement parce que le sujet a fait penser à certaines médailles de Carthage dont le revers montre également un lion marchant et un palmier. Quelques archéologues doutent de l'authenticité de ce monument. — A gauche du prétendu bouclier de Scipion, un plateau en bronze plaqué d'argent, analogue à l'ex-voto de Propertius Secundus du trésor de Bernay pour le style de la décoration et pour les sujets sculptés sur la bordure extérieure. Au-dessous, deux coupes d'argent de l'époque des rois perses de la dynastie sassanide : l'une représente un tigre; l'autre un sujet religieux, dont le personnage principal paraît être la déesse Anaïtis.

Plus bas, sur le *gradin supérieur*, on distingue : 1° un buste en agate représentant Constantin le Grand; 2° une statuette en argent trouvée à Bordeaux, qui représente un poète ou un philosophe assis; on a voulu y reconnaître Sophocle; 3° deux vases en argent, en forme d'aiguière. Celui de gauche date des premiers temps du christianisme; on lit, sur le col, l'inscription : QVINTA VIVAS IN XPO. Celui de droite est de l'époque des rois sassanides; sur chacune des deux faces de la panse, paraissent deux groupes de lions se croisant pour s'élancer en sens contraire.

Sur le *gradin inférieur*, sont placés des monuments en ivoire. Dans la travée du milieu, au centre, un diptyque consulaire complet, celui du consul Philoxène, et cinq feuilles d'autres diptyques; la plus ancienne appartient à un diptyque du consul Flavius Félix; elle est placée la seconde à gauche. — Dans la dernière travée de la vitrine, à droite, un diptyque sans inscriptions, et un autre composé de deux feuilles disparates : sur l'une, sujet païen d'époque basse représentant Apollon et les Muses et une scène bachique; sur l'autre, les quatre évangélistes. — Dans l'autre travée, celle de gauche, ivoire ayant décoré la couverture de l'évangéliaire de Saint-Jean de Besançon, et sur lequel sont figurés l'empereur d'Orient Romain IV et sa femme Eudocie dont les noms sont gravés en grec. — A côté, un triptyque dont la partie centrale représente Constantin le Grand et sa mère sainte Hélène aux pieds du crucifix; les noms de ces personnages sont également gravés en grec.

Au-dessous de ces derniers monuments d'ivoire, deux bustes en agate représentant, l'un et l'autre, Jupiter Sérapis. Entre ces bustes, l'*emblema* d'une patère d'argent représentant Diane Æginea. Don de M. le baron de Witte.

VITRINE.

XX

Cette vitrine, placée à la gauche du visiteur arrivant de l'extrémité de la galerie, renferme des **monuments en terre cuite.**

*1re travée.* — Au milieu, on remarque, en raison de sa dimension et des ornements en haut relief qui le décorent, un vase de la Grande-Grèce, dont les peintures sont presque entièrement effacées. — Au-dessus, une sirène de travail étrusque. — Au-dessous (N° 5166), un petit bas-relief en terre rouge, représentant Apollon et Marsyas.

*2e travée.* — *2e rangée.* — Trois antéfixes en terre cuite coloriée. L'un, au milieu (N° 5186), qui représente une tête de Vénus, est un don de Ch. Lenormant; celui de droite (N° 3340) figure une tête de Silène; celui de gauche (N° 5165), une tête d'Apollon. — *3e rangée.* Autre antéfixe (N° 3341), tête de Vénus diadémée. — N° 5185, fragment d'un buste d'Astarté. — A côté, à gauche, groupe donné par M. Ernest Muret en 1866 et représentant Pâris et Hélène. — *4e rangée.* Nos 5252, 5253, 5208, statuettes de jeunes filles drapées. — *Dernière rangée.* Deux masques barbus donnés aussi par M. Muret. — Buste de Tibère, en une sorte de porcelaine bleue d'Égypte, et statuette d'ambre représentant Sapho jouant de la lyre.

*3e travée.* — *2e rangée.* — Dans le coin à gauche, bas-relief représentant une tête de Méduse.

*4e rangée.* — Divers fragments : combat d'Étéocle et de Polynice; Silène ivre soutenu par un génie ailé; Bacchus indien barbu et Victoire immolant un taureau à Mithra.

*5e rangée.* — Vase de fabrique gauloise, décoré de sept têtes en relief, et une sorte de gourde représentant Scylla.

Près de la vitrine N° XXI, est placé le buste en marbre de Charles Lenormant, conservateur du Département des Médailles et Antiques, membre de l'Institut, mort à Athènes en 1859; ce buste est signé et daté : ETEX, 1833.

Vient ensuite un ensemble de grandes vitrines, faisant face aux fenêtres et se composant de trois corps ou groupes principaux (Nos XXI, XXII et XXIII), lesquels se subdivisent en travées ou sections.

## GROUPE DE VITRINES.

### XXI

Ce premier groupe, qui se divise en cinq travées, renferme des **statuettes, des bustes et des appliques de bronze.**

1^re^ TRAVÉE. — 2^e^ *gradin.* — Trois figurines trouvées en Sardaigne, placées sur un même socle.

4^e^ *gradin.* — Au milieu, une figurine étrusque représentant un danseur et qui paraît avoir décoré un flambeau.

5^e^ *gradin.* — Apollon lauré, avec inscription étrusque gravée sur la cuisse gauche; le dieu porte un collier à cinq pendants, semblable au collier d'or signalé plus haut. — A côté, guerrier étrusque (Cycnus?) coiffé d'un casque dont le cimier est en forme de col de cygne.

7^e^ *gradin.* — La 3^e^ figure, en partant de la gauche, est un Mars, de travail étrusque; la 4^e^, un Hercule étouffant le lion de Némée; la 5^e^, un éphèbe nu. — En bas, au milieu, autre éphèbe nu portant un canard.

2^e^ TRAVÉE. — 5^e^ *gradin.* — Au milieu, Épona sur une jument suivie de son poulain. Un tronc est pratiqué dans le socle de cette statuette qui a été donnée par M. Prosper Dupré en 1860. — A côté, Génie revêtu d'une longue robe et d'une chlamyde; on l'a nommé le Génie de Melpomène.

6^e^ *gradin.* — La 2^e^ figure à gauche est un Apollon

nu, lauré. Don de M. Marcotte-Genlis. — Plus loin, deux figures de Jupiter gaulois. — Puis, satyre agenouillé, qui paraît avoir formé le pied d'un candélabre; Mercure sur son socle antique où paraissent un coq et un bouc. Don de M. Prosper Dupré. — Enfin, Hercule nu, tenant de la main gauche une des pommes d'or des Hespérides, et, à l'extrémité de ce gradin, un Camille.

7ᵉ *gradin.* — En commençant par la gauche : 1° Jupiter. — 2° Hercule bibax. — 6° Apollon. — 11° Éphèbe nu.

8ᵉ *gradin.* — 4° Télesphore. — 14° Europe sur le taureau. — À l'extrémité de cette rangée, un jeune enfant nu, assis.

3ᵉ TRAVÉE. — 5ᵉ *gradin.* — 1° Silène. Les figures suivantes représentent : une canéphore, une tête de Méduse, un Mercure, un satyre dansant, un autre Mercure, une tête silénique, Pan et l'Océan.

6ᵉ *gradin.* — 2° Céphale assis sur un rocher. — 3° Jupiter debout. — 6° Nègre jouant d'un instrument. — 7° Buste de Cybèle.

7ᵉ *gradin.* — 2° Jupiter. — 4° Silène. — 6° Monstre marin nageant, d'ancien style. — 10° Génie ailé courant. — 11° Figure d'applique représentant une canéphore.

8ᵉ *gradin.* — Au milieu d'une foule de petites figures de bronze, on distingue un monstre marin à trois têtes portant un personnage nu, peut-être Mélicerte. Don de Félix Lajard.

4^e^ TRAVÉE. — *4^e^ gradin.* — La 2^e^ figure représente une tête de Minerve (applique); la 4^e^, un buste de la déesse Rome; la 10^e^, une tête de Méduse (applique).

*5^e^ gradin.* — 3° Génie de Mars courant. — 4° Mercure. — 5° Héros combattant, légué en 1866 par le duc de Blacas. — 7° Éros. — 8° Diane chasseresse.

*6^e^ gradin.* — 3° Éphèbe revêtu d'une chlamyde. — 5° Horus. — 6° Nègre dans l'action de tirer un câble. — 7° Jupiter assis. — 10° Prêtre romain.

*7^e^ gradin.* — 5° Faune sortant du calice d'une fleur. — 6° Mercure assis. — 8° Tête voilée (applique). — 14° Neptune. — 16° Hercule bibax.

*8^e^ gradin.* — 5^e^ figure, Hercule enfant étouffant les serpents; 11^e^, Mercure porté sur l'aigle de Jupiter. Don de M. H.-W. Waddington. On signalera encore la 5^e^ petite figure en partant de la droite, enfant assis.

5^e^ TRAVÉE. — *4^e^ gradin.* — 2^e^ figure, tête de femme voilée; 5^e^ figure, Victoire de très basse époque, donnée en 1878 par Benjamin Fillon.

*6^e^ gradin.* — Buste d'un personnage romain, placé entre deux appliques de marbre sur lesquelles sont posés des masques.

*7^e^ gradin.* — Trouvaille de Reims (24 juillet 1878): 1° Une colonnette. — 2° Esculape debout. — 3° Déesse assise sur un cheval. — 4° Vénus debout; à ses pieds, sur le même socle, deux figures de moindre dimension, Éros et Priape. — 5° Pied gauche chaussé.

*9e gradin.* — Sur le devant, 6e figure, gladiateur combattant; 7e, buste de Silène.

GROUPE DE VITRINES.

## XXII

Ce groupe comprend treize travées ou sections.

Les onze premières renferment des **vases peints antiques.**

1re SECTION. — Vases de style primitif. — On remarque deux grandes amphores décorées d'ornements géométriques, parmi lesquels cet arrangement de lignes que l'on nomme *grecque* ou *méandre*. Sur le *gradin supérieur*, indépendamment de l'une de ces grandes amphores, deux vases décorés de figures d'animaux fantastiques ou réels, de style moins ancien.

2e SECTION. — La plupart des vases de cette section, qui offrent des représentations d'animaux et de fleurons disposées en zones, sont moins anciens que les deux grandes amphores mentionnées ci-dessus, mais peuvent encore être dits *de style primitif*, ainsi que les vases avec figures d'animaux de la 1re section. — Au milieu du *gradin supérieur*, un vase en forme de réchaud portant sur trois pieds. — Sur le *3e gradin*, deux amphores trouvées à Vulci, celle de droite montre Hercule combattant un centaure, celle de gauche, Thésée et le Minotaure. — Sur le *dernier gradin*, un grand vase à quatre anses avec bandes d'animaux et un petit vase en forme de tête casquée.

3e SECTION. — Les vases les plus importants de cette section ont été trouvés en 1835, dans les fouilles de son duché de Céri (Cœre d'Étrurie), par le prince Torlonia, et donnés par lui au Cabinet des Médailles et Antiques en 1845.

*Dernier gradin.* — A gauche, le premier vase est une pyxis corinthienne représentant la naissance de Bacchus et d'autres scènes du mythe de ce dieu. — Le second est une aryballe, corinthienne également, avec zones d'animaux. — Au milieu, phiale ou coupe peu profonde, d'origine corinthienne, décorée d'animaux fantastiques et réels. Don de Mme H. Cornu, 1872.

4e SECTION. — Sur le 2e *gradin*, stamnos à peintures noires sur fond rouge, représentant des jeux gymnastiques, et deux coupes décorées de peintures représentant des animaux.

Sur le 3e *gradin*, le premier vase est une petite amphore dont les anses sont brisées; la face antérieure représente le quadrige du Soleil. — A côté, amphore de Vulci, avec guerriers à pied et à cheval, et des femmes; ces personnages sont désignés par leurs noms en grec. — Plus loin, à droite, hydrie de Vulci représentant les noces d'Hercule et d'Hébé.

Sur le *dernier gradin*, au milieu, amphore de Nola; la face antérieure figure Bacchus tenant un canthare que remplit une ménade. — A côté, à droite, un scyphus de Vulci, représentant des sujets bachiques. Don de M. Ch. de Férol, 1863.

5^e^ SECTION. — 2^e^ *gradin.* Amphore de Nola : éphèbe s'armant en présence d'une femme.

*Gradin inférieur.* — Hydrie de Vulci : Hercule et Nérée.

6^e^ SECTION. — 2^e^ *gradin.* — A gauche, amphore : Hercule combattant le lion de Némée. — Au milieu, une autre amphore (de Vulci) : deux guerriers dans un quadrige. — Deux rhytons : l'un en forme de tête de vache, l'autre en forme de tête de cerf.

*3^e^ gradin.* — A gauche, amphore de Nola : Amazones revenant du combat. — Le 3^e^ vase est un lécythus. Les deux Paliques siciliens frappent à coups de marteau la tête colossale de leur mère Thalia. — Le 4^e^ est une œnochoé de Vulci représentant les Dioscures, Hélène et Clytemnestre et des animaux fantastiques. — Le 5^e^ est un autre lécythus sicilien : Mercure combattant Argus ou le géant Hippolyte. — Le 6^e^ est une amphore : Hercule domptant le taureau de Crète.

Entre les deux derniers gradins, assiette (*pinax*) avec la signature d'Épictète, sur laquelle est représenté un suivant de Bacchus.

*Dernier gradin.* — Deux canthares à une anse : scène de jeux ; scène funéraire. — Vers la gauche, cylix donnée par M. le baron de Witte et représentant une femme et un éphèbe dansant auprès d'un grand vase surmonté d'un autre de moindre dimension.

7^e^ SECTION. — 2^e^ *gradin.* — Au milieu, cylix de Nola. A l'extérieur, guerriers partant pour le combat.

*3^e^ gradin.* — Au milieu, lécythus athénien. Composition funèbre dessinée en rouge sur fond blanc. — L'avant-dernier vase est une cylix. A l'intérieur, satyre. Ce vase porte la signature de Chélis. A l'extérieur, autre satyre entre deux grands yeux. — Le 1er vase à gauche est une amphore : Jupiter en marche, le foudre en main.

*4e gradin.* — Aux deux extrémités, deux lécythus analogues au précédent, décorés de sujets funéraires sur fond blanc. — Au milieu, cylix trouvée à Vulci et connue sous le nom de *Coupe d'Arcésilas.* A l'intérieur, ce roi de Cyrène est représenté assistant à un pesage de marchandises. — A côté, à droite, autre cylix de même fabrique. A l'intérieur, Ulysse et ses compagnons crevant l'œil de Polyphême.

8e SECTION. — 2e *gradin.* — Au milieu, cylix; à l'intérieur, tête de Méduse; sur le pied, on lit la signature : ΝΙΚΟΣΘΕΝΕΣ ΜΕΠΟΙΕΣΕΝ (Nicosthènes m'a fait).

*3e gradin.* — Au milieu, cylix. A l'intérieur, tête de Méduse et cinq vaisseaux ; à l'extérieur, entre deux grands yeux, Hercule terrassant un héros. Don du prince Torlonia, en 1845. — A droite, à l'extrémité, œnochoé de la Cyrénaïque : lion dévorant un cheval dont le cavalier prend la fuite; en raison du costume de ce personnage, un savant y a reconnu le Grand Roi lui-même.

*4e gradin.* — Le 2e vase est un lécythus, sur lequel paraît un archer scythe. — Au milieu, hydrie de la

Cyrénaïque, sur laquelle le même savant a reconnu Aristippe entre la Volupté et la Vertu.

*Dernier gradin.* — Au milieu, un vase à une seule anse (aryballe), de la Basilicate; on y distingue Apollon, Diane et Vénus assis.

9e SECTION. — Entre le 1er et le 2e *gradin*, grand plat de la Basilicate. A l'intérieur, buste de face de Vénus entourée de quatre Amours ailés.

Sur le 2e *gradin*, au milieu, oxybaphon de la Grande-Grèce. Sur la panse, Neptune et Amymone.

*Dernier gradin.* — Hydrie de Nola : Hercule au jardin des Hespérides.

10e SECTION. — 2e *gradin.* — A gauche, amphore étrusque : mort couché sur le lit funèbre. — A l'extrémité, petite hydrie de Nola : l'Amour poursuivant une femme.

*3[e] gradin.* — A gauche, cratère étrusque : héros immolant un ennemi (Apollon et un Niobide?). — A droite, autre cratère étrusque : Ajax égorgeant un Troyen; Caron assiste à la scène, le marteau à la main. Les noms de ces personnages se lisent sur le vase.

*4[e] gradin.* — 4e vase. Œnochoé : buste de la statue colossale de la Minerve Promachos du cap Sunium, entre deux personnages debout.

*Dernier gradin.* — Au milieu, amphore de la Basilicate, avec couvercle et anses ornées de têtes de Méduse en relief : Vénus à sa toilette.

11e SECTION. — Cette section renferme surtout des vases étrusques en terre noire lisse, parfois ornée de sujets en relief.

2e *gradin.* — Le 1er vase à gauche est un cotyle dont les anses sont formées par des têtes de taureau; sur la panse, une zone de chimères et de personnages en relief. — Les 3e et 7e vases sont des coupes à pied élevé, ornées de zones de personnages en relief. — Le 6e est un vase à parfums; en relief, sur la panse, Grec combattant une Amazone.

3e *gradin.* — Le 1er vase et le 9e sont des coupes supportées par des cariatides en relief. — Au milieu, un grand cyathus orné de têtes en relief. Don de M. Marcotte-Genlis, 1867.

4e *gradin.* — Le 1er et le dernier des vases sont des *alabastron*, trouvés à Agylla, duché de Céri, et donnés par le prince Torlonia, en 1845. — Au milieu, coupe portée par une colonne ionique, posée sur une base ronde, sur laquelle sont disposés trois petits vases et une lampe.

5e *gradin.* — A gauche, coupe apode. L'*emblema* est un buste de Silène en relief, avec l'inscription : CALENVS CANOLEIVS FECIT. — Sur le devant, deux bassins en forme de barque. Don du prince Torlonia. — A l'extrémité de ce gradin, phiale de Vulci, décorée, à l'intérieur, de bas-reliefs représentant quatre quadriges, conduits chacun par deux divinités, la Victoire accompagnée par Minerve, Hercule, Mars et Bacchus.

12e SECTION. **Verres antiques.** — 1er *gradin.* Cinq grands vases, dont trois avec anse et deux en forme d'urnes. — 2e *gradin.* Cinq vases à deux anses de formes différentes, avec ou sans couvercle. — 3e *gradin.* Trois sortes de stamnos dont l'un, celui du milieu, a conservé son couvercle; puis, six vases de formes variées. — 4e *gradin.* Une grande coupe à godrons commence la série. — Sur les 5e, 6e et 7e *gradins*, vases opaques multicolores; sur le 6e *gradin*, vers le milieu, gobelet avec l'inscription : ΕΥΦΡΕΝΟΥ (réjouis-toi). — Au *dernier gradin*, plusieurs vases à parfums, dits *alabastron*, et au milieu, près d'une coupe à godrons, une petite œnochoé. A droite, vers l'extrémité, coupe apode en verre opaque multicolore.

13e SECTION. — Sur les deux premiers gradins, on voit encore des **vases de verre.**

3e *gradin.* — Vase d'albâtre égypto-perse, sur lequel est gravé en creux un cartouche donnant en caractères hiéroglyphiques le nom de Xerxès. On lit en outre au-dessous du cartouche trois inscriptions cunéiformes en assyrien, en perse, en médique, reproduisant ces mots : *Xerxès le grand Roi.* Ce vase a été longtemps connu sous le nom légendaire de *Vase des noces de Cana.*

4e *gradin.* — Bétyle chaldéen, pierre de forme ovoïde, chargée de bas-reliefs et d'inscriptions cunéiformes, célèbre depuis près d'un siècle sous le nom de *Caillou Michaux*, pour avoir été rapporté des bords du Tigre par le botaniste Michaux. Les inscriptions cunéiformes font connaître que c'est là le témoignage d'une donation en date du règne de Marduk-Nadin-Akhi, roi de Babylone, vers l'an 1120 avant notre ère. — A gauche de ce monument, quadrige en terre cuite, trouvé en Syrie, contenant quatre personnages coiffés de la mitre persane. — A droite du même monument, bige, également en terre cuite, dans lequel est assise une figure voilée; un écuyer conduit les chevaux par la bride.

Sur le *gradin inférieur*, trois figurines assyriennes en terre cuite, représentant, l'une, un dieu léontocéphale, les deux autres, des dieux à tête cornue et à longue barbe.

### GROUPE DE VITRINES.

## XXIII

Ce groupe comprend des **monuments divers en bronze.**

La 1re SECTION est consacrée aux **armes antiques.** On y remarque quatre casques de bronze, dont l'un, en forme de calotte, a été trouvé en Italie; les trois autres sont pourvus d'un nasal et ont été, dit-on, trouvés en Grèce. Le premier et le troisième de la rangée supérieure ont été donnés par M. Prosper Dupré, en 1834. On signalera encore des pointes de lance, des épées, des haches, une cnémide, etc.; sur le *gradin inférieur,* des olives de fronde et des pointes de flèche. Immédiatement au-dessus de l'unique gradin de cette section, un poignard de bronze dans son fourreau.

2^e^ SECTION. **Objets divers en bronze.** — *Gradin supérieur.* — Au milieu, une roue de char, des vases et deux miroirs. — Au-dessous de la roue, une grande patère : à l'intérieur, la représentation d'un dieu marin ; au revers, une Lasa ; le manche est formé par un personnage nu, les pieds posés sur une sirène, et soutenant deux compagnons d'Ulysse emportés par les béliers de Polyphême.

Sur le 2^e^ *gradin*, à droite et à gauche, deux grandes œnochoés. — Sur le fond, des miroirs gravés en creux dont la plupart sont étrusques. Nous signalerons, dans la seconde rangée, le premier à gauche qui est un des plus beaux de la collection. On y voit deux compositions : l'apothéose d'Hercule et Agamemnon reçu dans l'île de Leucé. Les noms de ces personnages sont gravés sur le miroir. — Au-dessous, bracelets de diverses formes et grandeurs, passoires, strigilles, fibules, clefs, clous votifs, mors, etc.

3^e^ SECTION. **Objets divers en bronze.** — Au milieu du 2^e^ *gradin*, grande ciste avec sujets gravés en creux ; elle est portée par une sorte de trépied orné de trois lions. L'anse du couvercle est formée par le groupe d'Atalante et de Pélée luttant. — Cette section renferme quelques miroirs et beaucoup de vases de diverses formes et grandeurs, des candélabres, des figures d'animaux fantastiques ou réels, des pieds de meubles ou de cistes. — Sur le 4^e^ *gradin*, une colonnette avec chapiteau corinthien ; donnée en 1880 par Benjamin Fillon. — Au milieu du *gradin inférieur*, un sanglier à trois cornes, trouvé en Bourgogne.

4e SECTION. — On y voit plusieurs miroirs, des balances dites *romaines*, des clochettes, des manches de vases et divers ustensiles. — 2e *gradin*, au milieu, un candélabre étrusque dont la tige est supportée par une figure de Vénus. — A gauche, le premier objet est un pied de meuble plaqué d'argent. — Sur le 3e *gradin*, trois petits trépieds et des bras de fauteuil. — Entre le 3e et le 4e *gradin*, au milieu, buste de Mercure entre deux cornes d'abondance desquelles sortent le buste de Minerve et celui de Junon; sur la poitrine du Mercure, un 4e buste, celui de Jupiter. A cet objet, qui peut avoir servi dans les processions, sont appendues sept clochettes. — 4e *gradin*. Vers le milieu, une clef de fontaine avec sujets incrustés en argent et cette inscription : ADELFII. — Sur la déclivité de ce gradin, miroirs, ustensiles et manches de vases. — En bas, une main votive, avec cette inscription : ΣΥΜΒΟΛΟΝ ΠΡΟΣ ΟΥΕΛΛΥΝΙΟΥΣ.

5e SECTION. — En haut, le pied chaussé d'une statue colossale. — 2e *gradin*. Main colossale. — 3e *gradin*, au milieu, vache trouvée à Herculanum. De chaque côté, une panthère sur socle antique.

Sur les petits gradins inférieurs, on distingue des animaux : 1er *gradin*, au milieu, un cerf; à côté, à droite, un taureau; — sur le 3e *gradin*, à l'extrémité, à droite, une tête de mulet ayant décoré un bras de fauteuil; — sur le *dernier gradin*, à l'extrémité, à droite, une souris.

A la suite de la série des grandes vitrines, on trouve, sur un piédestal, le buste en marbre de l'auteur du *Voyage du jeune Anacharsis en Grèce*, l'abbé J.-J. Barthélemy, garde du Cabinet des Médailles et Antiques, mort en 1795. On lit sur le socle la signature du célèbre sculpteur Houdon, gravée en caractères cursifs: *Hondon f.* (sic).

Au-dessus des grandes vitrines qui font face aux fenêtres, ainsi qu'au-dessus de la cloison qui sépare le vestibule de la galerie, on a placé, pour la décoration, un grand nombre de vases peints d'importance secondaire. Parmi ces vases, au-dessus de la vitrine N° XXIII, on aperçoit un trophée composé d'un casque, d'une cuirasse et de pointes de lance.

# III

## SALLE DE LUYNES.

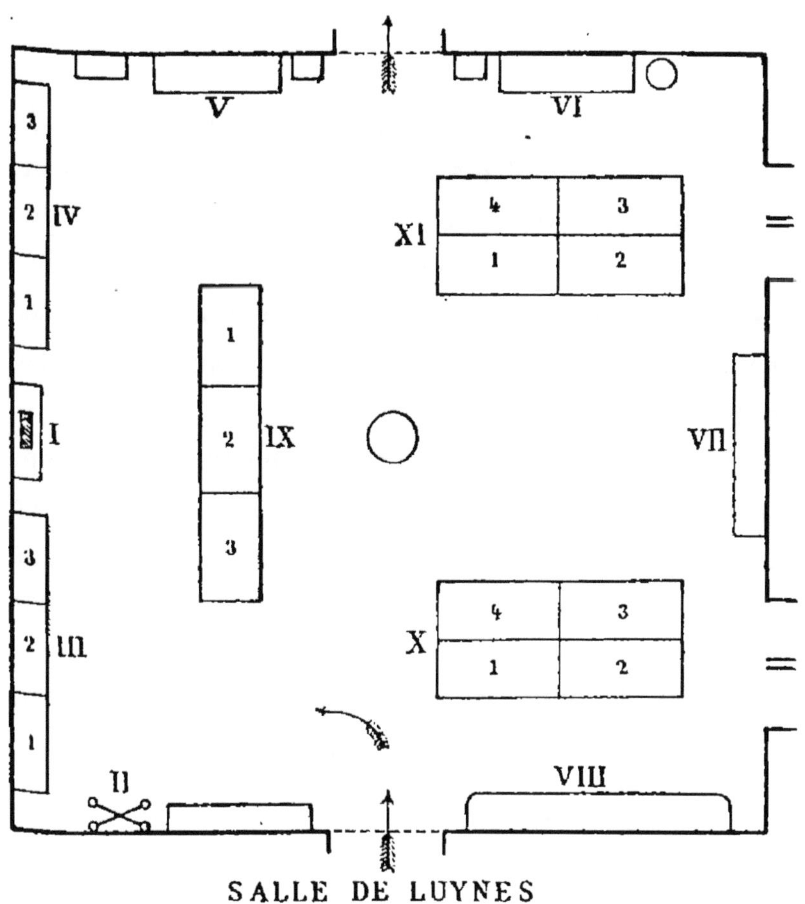


SALLE DE LUYNES

Après avoir visité la galerie, on traverse le vestibule et l'on arrive à la salle de Luynes.

Dans cette salle sont réunies toutes les collections de médailles et d'antiquités données, le 27 octobre 1862, par Honoré d'Albert, duc de Luynes, membre de l'Institut. Cinq années après cette mémorable donation, le 15 décembre 1867, l'illustre et savant Mécène mourait à Rome.

## MÉDAILLIER.

### I

Sur ce meuble, placé en face des fenêtres et orné du chiffre H. A. (Honoré d'Albert) que surmonte une couronne ducale, se voit le buste en marbre du libéral donateur. Ce buste, commandé à M. Bonnassieux, membre de l'Institut, par l'État, expressément pour être placé dans la salle de Luynes, est signé par l'auteur et porte la date de 1873.

Au milieu de la salle, un remarquable torse de femme, en marbre. Ce fragment, provenant de Rome, est tout ce que le duc de Luynes a reconnu pour antique dans une statue de Vénus Anadyomène qui avait été complétée par une restauration moderne.

En faisant le tour de cette salle, le visiteur, commençant par la gauche, remarquera :

1° Une stèle funéraire égyptienne, de la XIX^e^ dynastie (XVI^e^ siècle avant J.-C.);

2° Deux inscriptions grecques, dont l'une, qui provient d'Athènes, est un fragment, de huit lignes, d'un état des objets conservés dans le Parthénon;

3° Une tête de lion, la gueule béante, en terre cuite

coloriée; c'est l'un des antéfixes ayant servi de gargouilles au temple de Métaponte;

4° Une statuette de Vénus, trouvée dans l'île de Chypre.

MÉDAILLIER.

II

Ce petit meuble d'acajou contient une série de monnaies antiques orientales.

Sur la paroi qui fait face aux fenêtres, deux vitrines (Nos III et IV), aussi d'acajou, séparées par le médaillier que surmonte le buste du duc de Luynes.

VITRINE.

III

**Vases peints.** — 1re SECTION. — *1re rangée.* — Au milieu, amphore de Vulci : Thésée égorgeant le Minotaure.

*2e rangée.* — A gauche, stamnos de Canino : la dispute du trépied entre Apollon et Hercule. — Au milieu, amphore de Vulci : la dispute entre Minerve et Neptune, avec l'inscription ΑΜΑΣΙΣ ΜΕΠΟΙΕΣΕΝ (Amasis m'a fait). — A droite, hydrie de Vulci : Hercule, accompagné de Iolas, est conduit vers l'Olympe par trois divinités. Signature : ΠΑΝΦΑΙΟΣ ΜΕΠΟΙΕΣΕΝ (Pamphaios m'a fait).

*3e rangée.* — 1° Hydrie de Vulci : Bacchus et Ariadne assis. — 2° Amphore de Vulci : Géryon. — 3° Hydrie de Vulci : enlèvement d'Hélène par Thésée.

2^e^ SECTION. — *2^e^ rangée.* — A gauche, amphore de Nola : Diane sur le point de décocher une flèche. — Au milieu, amphore de Vulci : Hercule, assisté de Minerve, combat Géryon; les noms de ces personnages se lisent sur le vase. — A droite, amphore de Nola : Jupiter.

*3^e^ rangée.* — 1° Amphore de Vulci : Jupiter assis entre quatre divinités indiquées par leurs noms : Junon, Mars, Minerve et Mercure. — 2° Amphorisque de Vulci : naissance de Bacchus; les noms des personnages se lisent sur ce vase. — 3° Grande amphore étrusque : Admète se séparant de sa femme Alceste; Caron et Hadès assistent à cette scène; les noms de ces personnages sont écrits en caractères étrusques. — 5° Amphore trouvée en Étrurie : Apollon dans un bige, tuant à coups de flèches Ischys et Coronis.

3^e^ SECTION. — *1^re^ rangée.* — Scyphus d'Apulie : ménade entre deux satyres.

*2^e^ rangée.* — Calpis de Ruvo : Bacchus au milieu de satyres et de ménades.

*3^e^ rangée.* — A gauche, hydrie d'Agrigente : Bacchus enfant confié par Jupiter aux Hyades. — Au milieu, lécythus de Locres : Jupiter foudroyant. — A droite, hydrie de Nola : Apollon assis, tenant sa lyre et présentant sa coupe à Diane. — De chaque côté du lécythus, deux guttus, l'un représentant une tête de nègre en relief, l'autre Taras sur le dauphin.

VITRINE.

## IV

**Vases peints.** — Cette vitrine est séparée de la première par le médaillier de noyer dont il a été parlé plus haut et qui était autrefois dans le cabinet de travail du duc de Luynes.

1re SECTION. — *1re rangée.* — 1° Amphore de Nola : Achille se séparant de Déidamie. — 2° Oxybaphon de Cumes : Cérès, Proserpine et Triptolème. — 3° Amphore de Nola : Amymone et Danaüs.

*2e rangée.* — Trois cylix de Vulci, puis une amphore de Nola représentant Apollon et Mercure se disputant la lyre.

*3e rangée.* — Au fond, deux rhytons : l'un en forme de tête de cheval, l'autre en forme de tête de vache. — Devant : 1° Canthare à une seule anse, de Vulci : scène funéraire. — 2° Cylix de Vulci : épisode de la guerre des dieux avec les géants. — 3° Canthare de Nola : une ménade et des satyres.

2e SECTION. — *1re rangée.* — 1° Amphore de Nola : Aurore enlevant Tithon. — 2° Cratère d'Agrigente : Neptune assis sur son trône entre Amphitrite et Thésée. — 3° Amphore de Nola : Thésée et Sinis.

*2e rangée.* — Sur le devant, à gauche, imitation par le duc de Luynes d'une cylix de Nola. — Au milieu, grande amphore de la Grande-Grèce : scène bachique. — A droite, cylix de Nola : à l'intérieur, une bacchante; à l'extérieur, Apollon et Mercure se disputant la lyre. — En arrière, à droite, canthare de Nola : d'un côté, Achille, Cymothée, Ucalégon et Agamemnon; de l'autre, Thétis, Patrocle, Antiloque et Nestor; signature : ΕΠΙΓΕΝΕΣ ΕΠΟΕΣΕ (Épigénès a fait).

3e SECTION. — *1[re] rangée.* — Au milieu, amphore de Vulci : Euphorbe portant Œdipe enfant.

*2[e] rangée.* — Au fond, fragment de cratère : combat de Thésée et de Phalérus contre l'amazone Antiope. — Sur le devant, deux lécythus (Locres) : celui de gauche représente Œdipe et le Sphinx; celui de droite, un sujet funèbre.

*3[e] rangée.* — Sur le devant, deux lécythus de Vulci : celui de droite représente Tydée blessé; celui de gauche, des éphèbes, des jeunes filles et Éros. — Au milieu, cylix de Nola, à l'intérieur de laquelle un éphèbe à cheval. — Au fond, à droite, un guttus de Nola, sur lequel sont représentés un satyre et une bacchante.

Avant d'arriver à la vitrine suivante, on remarquera un fragment d'inscription, de quarante lignes, provenant d'Athènes et relative, comme celle dont il a été parlé ci-dessus, aux objets conservés dans le Parthénon.

## VITRINE.

## V

La partie supérieure de cette vitrine, qui contient surtout des bronzes, est divisée en cinq gradins.

*1[er] gradin.* — Au milieu, tête de vache en bronze; à

droite et à gauche, deux miroirs et d'élégants vases de même matière.

2^e^ *gradin.* — Au milieu, buste du Soleil, en bronze. — A gauche, gladiateur (rétiaire), le trident à la main; à droite, statuette d'Hercule debout tenant un canthare. — A l'extrémité, à gauche, éphèbe debout; les bras manquent. A l'autre extrémité, Ganymède assis, s'appuyant sur l'aigle de Jupiter. Les quatre statuettes qui précèdent sont en bronze. — On remarquera encore une figure assise, dite *Vénus d'Aphaca*, en pierre calcaire, et une caricature en terre cuite, représentant Jésus-Christ, avec des oreilles d'âne.

3^e^ *gradin.* — Au milieu, applique munie d'un anneau, représentant une tête de Méduse. — A gauche : 1° Caducée se terminant par des têtes de bélier. — 2° Génie de Jupiter. — 3° Éphèbe nu, debout, d'ancien style. — 4° Hercule debout. — 5° Vénus debout, sur sa base antique, trouvée en Syrie. — 9° Minerve debout, sur sa base antique, tenant une chouette. Tous ces monuments sont en bronze.

4^e^ *gradin.* — 2^e^ figure, tête de Jules César, en albâtre; 3^e^, sirène en bronze; 4^e^, lampe en bronze formée par une tête de nègre; 5^e^, tête de Vénus en terre cuite.

5^e^ *gradin*, le dernier. — Au milieu, bas-relief en pierre calcaire, de travail perse, représentant une sorte de griffon. On distinguera encore deux bas-reliefs en terre cuite, trouvés à Nola et représentant la tête de Méduse, deux cavaliers en bronze, dont l'un barbare, et enfin, un candélabre étrusque, de bronze, décoré au sommet d'une figure d'Hercule.

A la *partie inférieure*, deux gradins. — Sur le 1er *gradin*, deux vases peints, quelques fragments de terre cuite et une série de statuettes funéraires égyptiennes parmi lesquelles on distingue : N° 851 *bis*. Scribe d'Ammon nommé Newer-Renp. Serpentine. — N° 852 *bis*. Le scribe de l'armée du seigneur des deux terres, Mebi-New. Calcaire. — N° 854 *bis*. La dame de maison Re-patu. Terre émaillée. — N° 856 *bis*. Le scribe royal, Hor-Kheb. Pierre émaillée. — N° 857 *bis*. Terre cuite émaillée, sur laquelle on lit le nom d'un prêtre qui porte plusieurs titres sacerdotaux dont le dernier est celui de prophète d'Osiris. Il se nommait : Nes-Khnoum, et sa mère : Si-Kheb.

Sur le 2e et dernier *gradin*, de nombreux fragments de terre cuite provenant de fouilles pratiquées à Métaponte par le duc de Luynes.

En quittant cette vitrine, de chaque côté de la porte qui donne accès à la salle suivante, un cippe. Sur le premier, une tête de Romain, en bronze, trouvée dans la province de Naples. — Sur le second, une statuette d'enfant criophore, également en bronze.

VITRINE.

## VI

Cette vitrine est voisine de la fenêtre.

Partie supérieure. — 1er *gradin*. — Bas-relief en terre

cuite, d'ancien style grec, représentant deux guerriers dans un bige.

2$^{e}$ *gradin.* — Groupe en bronze : Vénus à sa toilette, accompagnée de deux Amours. — Trois figurines de Vénus, en terre cuite avec vestiges de peinture, trouvées en Apulie. — Ces figurines sont séparées par deux statuettes de bronze représentant la même divinité. — A l'extrémité, Mars debout. Bronze.

3$^{e}$ *gradin.* — Au milieu, coupe en argent doré, décorée à l'intérieur d'un bas-relief représentant un roi perse, de la dynastie des Sassanides, chassant à cheval. — A droite de cette coupe, deux colliers d'or : celui d'en haut a été trouvé à Canossa, l'autre provient de Nola.—Entre ces colliers, une fibule d'or trouvée à Capoue.

Sur les *petits gradins inférieurs*, une nombreuse série de bijoux d'or. Immédiatement au-dessous de la coupe sassanide, un bracelet de travail gaulois, trouvé en Auvergne ; — plus bas, deux bracelets découpés à jour, trouvés en Syrie ; — plus bas encore, un autre bracelet, de petite dimension, trouvé également en Syrie ; — à côté, un étui à amulette ; enfin des bagues, des boucles d'oreilles et, au-dessous du bracelet arverne, un collier formé de têtes de lion, trouvé dans l'île de Milo.

Partie inférieure. — En haut, olifant en ivoire, décoré de sculptures représentant le Bon Pasteur et des animaux fantastiques ; travail occidental du XI$^{e}$ ou du XII$^{e}$ siècle. Ce monument était conservé jadis dans la Chartreuse de Portes, département de l'Ain. — Plus bas, plusieurs verres antiques et, au milieu, un scyphus de Nola, représentant l'enlèvement de Tithon par l'Aurore, en présence de Priam et de Dardanus; les noms de ces personnages sont écrits en caractères peu apparents.

Près de la fenêtre, sur un cippe, trépied étrusque de bronze, décoré de figures de diverses divinités.

MÉDAILLIER.

## VII

Ce meuble, façon Boule et décoré de panneaux chinois, est l'un des deux médailliers provenant de l'acquisition du cabinet de Pellerin; il est placé entre les deux fenêtres et renferme une partie des monnaies antiques données par le duc de Luynes. L'urne d'albâtre qui surmonte ce médaillier porte une inscription funéraire phénicienne.

Plus loin, près de la porte d'entrée, une grande vitrine, N° VIII.

VITRINE.

## VIII

On y voit surtout des armes antiques.

Dans la première rangée, casques de diverses formes, pour la plupart trouvés dans la Grande-Grèce.

Au-dessous et au milieu, trois casques de bronze: le premier, à gauche, est à nasal, avec ornements en relief; — le deuxième est un casque votif en forme de bonnet phrygien, trouvé à Herculanum; au-dessus du front, est figurée la chevelure; — le troisième, trouvé à Vulci, est aussi à nasal; sur le frontal est représentée en bas-relief la dispute de la biche entre Apollon et Hercule.

A droite et à gauche, deux trophées, composés chacun d'un casque à ailes et géniastères, d'une cuirasse avec ceinturon et de deux cnémides. Ces armes ont été trouvées à Ruvo.

Au milieu, entre ces deux trophées, sur un fond de velours, une magnifique épée mauresque avec son fourreau sur lequel se lit en arabe la devise des rois de Grenade : « Il n'y a de vainqueur que Dieu » (xv^e siècle).

En bas, pointes de lance et de flèche, haches, géniastères, etc. — A gauche, une tablette de bronze trouvée à Dali (île de Chypre). Sur cette tablette, on lit une inscription grecque, écrite en caractères cypriotes et contenant les comptes d'un temple.

Cette vitrine est surmontée de cinq vases peints. Le premier, à gauche, est un oxybaphon. Sur la panse, tête de Vénus couronnée et entourée d'ornements multicolores. — Le deuxième est une amphore de Vulci : combat entre quatre guerriers. — Le troisième, un cratère de Vulci : Ulysse évoquant l'ombre de Tirésias. — Le quatrième, une amphore de Vulci : Achille et Memnon en présence de Thétis et de l'Aurore. — Le cinquième, une célébé d'Agrigente : Jupiter et Ganymède.

Au-dessus de la vitrine des bronzes (N° IV), et en face de la tête de lion de Métaponte, oxybaphon de Cumes représentant l'Aurore et Céphale.

Au-dessus de la vitrine des bijoux (N° VII), une célébé de Vulci : Hercule et Minerve.

On remarque encore, au-dessus de la tête de lion et des grandes vitrines N^os^ III et IV, trois grands papyrus égyptiens, chargés d'inscriptions hiéroglyphiques et de peintures. Celui qui est placé au-dessus de la tête de lion de Métaponte est un extrait du rituel relatif aux transformations de l'âme humaine dans les régions infernales. — Les deux autres renferment des prières aux dieux solaires et représentent la course du soleil; ils sont placés des deux côtés du buste du duc de Luynes.

En face des fenêtres et devant le buste du duc de Luynes, une grande vitrine plate N° IX, à hauteur d'appui, divisée en trois sections.

VITRINE.

## IX

La 1^re^ SECTION de cette vitrine renferme une nombreuse série de **pierres gravées en creux**, la plupart orientales, scarabées, scarabéoïdes, cônes, etc., ainsi que plusieurs anneaux d'or avec chatons gravés en creux.

*1^re^ rangée.* — 1° Scarabée. Sur le plat, Neptune frappant du pied un rocher pour en faire jaillir une source; son nom est écrit en étrusque. Cornaline. — 5° Hercule assyrien tenant deux cerfs. Scarabée en cornaline. — 9° Hercule discobole. Scarabée en agate rubanée. — 14° Scylla. Scarabéoïde en calcédoine blanche. —

15° Orion agenouillé, l'arc à la main. Scarabée en cornaline.

2e *rangée.* — 2° Méléagre poursuivant le sanglier de Calydon. Scarabée en cornaline. — 7° Le devin Polyidius retirant le corps de Glaucus du vase de miel, en présence de Minos et de Pasiphaé. Scarabée en cornaline. — 8° Achille au tombeau de Patrocle. Scarabée en cornaline. — 10° Énée portant Anchise. Scarabée en cornaline. — 14° Un compagnon d'Ulysse ouvrant l'outre des vents. Scarabée en cornaline. — 15° Castor puisant de l'eau à la fontaine des Bébryces; le nom du héros est écrit en étrusque. Scarabée en cornaline.

3e *rangée.* — 2° Deux héros se disputant une captive. Scarabée en agate rubanée. — 6° Sphinx. Scarabéoïde en calcédoine blanche.

4e *rangée.* — 4° Divinité assyrienne à huit ailes; elle est debout et est adorée par deux personnages. Scarabéoïde en améthyste. — 11° Roi assis près d'un sphinx. Scarabéoïde en calcédoine blanche.

5e *rangée.* — 5° Griffon attaquant un cheval. Scarabéoïde en calcédoine blanche. — 6° Deux lions dévorant un taureau. Scarabée en stéatite.

6e *rangée.* — 8° Hercule combattant le lion. Cristal de roche. — 10° Même sujet sur un chaton en argent. — 11° Mercure debout. Scarabée en cornaline, avec sa monture antique.

7e *rangée.* — 3° Guerrier. Scarabéoïde en cornaline, avec monture antique.

*8e rangée.* — 8° Bès entre deux lions. Scarabée en jaspe vert.

*9e rangée.* — 10° Lucumon étrusque sur un trône orné de deux sphinx. Cornaline. — 12° et 13° Bustes de rois sassanides, avec inscriptions en pehlvi. Jaspe.

*10e rangée.* — 6° Vénus d'Aphaca assise, sur le chaton d'un anneau d'or. — 8° Jupiter assis, couronné par la Victoire. Chaton d'un anneau d'argent. — 9° Philoctète tenant l'arc d'Hercule. Chaton d'un anneau d'or. — 12° Tête barbue. Chaton d'un anneau d'or.

*11e rangée.* — 1° Lion dévorant un taureau. Chaton d'un anneau d'or. — 4° Roi faisant une entrée solennelle; une divinité (peut-être une ville) lui rend hommage. Chaton d'un anneau d'or.

2e SECTION. — Cette section tout entière et la plus grande partie de la suivante renferment des **cônes et des cylindres orientaux.**

*2e rangée.* — 7° Lion courant. Calcédoine saphirine hémisphérique.

*3e rangée.* — 2° Dieu debout sur un lion, poursuivant un animal ailé et une antilope; derrière lui, une adorateur. Agate brune, fragmentée.

*4e rangée.* — 9° Grand cylindre en marbre blanc, sur lequel paraissent un personnage debout et des quadrupèdes passant les uns devant les autres et comme enchevêtrés.

5^e^ *rangée.* — 3° Cylindre en hématite. Roi sur un char traîné par deux lions, accompagné de deux personnages.

7^e^ *rangée.* — 6° Cylindre en marbre noirâtre. Personnage agenouillé luttant contre un lion. Sujet deux fois répété. — 7° Cylindre en calcédoine blanche. Deux personnages adorant l'arbre sacré.

8^e^ *rangée.* — 2° Cylindre d'hématite. Sujet principal : sacrificateur; devant lui, une figure de femme nue, debout et de face. — 8° Cylindre en marbre blanc. Lion combattant un taureau.

11^e^ *rangée.* — 4° Cylindre en hématite remarquable par sa conservation.

3^e^ SECTION, comprenant la fin des cylindres, une série de poids antiques, des tessères, des dés à jouer et des monuments égyptiens.

4^e^ *rangée.* — 1° Homme barbu saisissant deux antilopes que deux lions attaquent par derrière. Cylindre en serpentine.

5^e^ *rangée.* — 5° Dieu ou roi tenant deux lions par la queue. Cylindre en agate rubanée.

Au milieu de cette section, six poids phéniciens et grecs en plomb et en serpentine, occupant les *6^e^ et 7^e^ rangées.* — Au commencement de la *8^e^*, deux autres poids grecs en plomb. — Viennent ensuite des tessères palmyréniennes, en bronze, plomb et terre cuite. — Sur la même rangée, deux dés à jouer étrusques. — Le reste de la vitrine est rempli par diverses antiquités égyptiennes. Au commencement de la *9ᵉ rangée*, une figurine en terre émaillée, représentant Isis allaitant Horus, et, à l'extrémité, un bas-relief en serpentine représentant Horus sur les crocodiles; plus bas, des scarabées et des colliers.

### GROUPE DE VITRINES.

### X

Ce groupe, placé près de la porte d'entrée et devant la vitrine des armes, est divisée en quatre sections. La première est consacrée aux camées et aux pierres gravées en creux; les camées n'occupent que la première rangée.

1ʳᵉ SECTION. — *1ʳᵉ rangée.* — 1° Amphitrite sur un hippocampe, accompagnée d'un second hippocampe et d'un Amour. Sardonyx à deux couches. — 2° Buste d'une jeune femme. Agate à deux couches. — 3° Bacchus enfant confié à la Terre. Calcédoine à deux couches. — 4° Cérès et Triptolème. Calcédoine à deux couches, fragment. — 5° L'Aurore dans un bige. Sardonyx à trois couches. — 6° La Pudeur fuyant le Vice (?). Calcédoine à deux couches. — 7° Thétis portée sur les flots par un triton. Agate à deux couches. — 8° Achille combattant Penthésilée. — 9° Laodamie embrassant l'ombre de Protésilas. — 10° Amazone blessée. Calcédoine blanche à deux couches. — 11° Tête casquée d'un héros. Sardonyx à trois couches. — 12° Sapho assise; à ses côtés, une lyre. Agate à deux couches. — 13° Buste barbu, de face; Démosthène (?). Agate à deux couches. — 14° Auguste jeune.

Calcédoine à deux couches. — 15° Tibère. Calcédoine à deux couches. — 16° Antonia, femme de Drusus l'Ancien (?). Sardonyx à trois couches. — 17° Drusus l'Ancien (?). Calcédoine à deux couches, fragment. — 18° Buste d'éphèbe. Agate à deux couches, fragment. — 19° Buste de jeune fille; la tête manque. Calcédoine à deux couches. — 20° Chien couché. Agate à deux couches. — 21° Partie antérieure d'un taureau à tête humaine. Imitation antique de camée; pâte de verre.

2e *rangée.* — **Intailles.** 1° Saturne dans un char traîné par deux dragons. Jaspe rouge. — 3° Jupiter. Améthyste. — 6° Apollon. On lit dans le champ : ΧΡΗϹΜΟΔΟΤΩΝ. Agate rubanée. — 8° Apollon. Cornaline blonde. — 10° Apollon et Marsyas. Calcédoine blanche. — 11° Apollon. Cornaline formant le chaton d'un anneau d'or antique. — 14° Pan écoutant Apollon qui joue de la lyre. Cornaline.

3e *rangée.* — 2° Diane. Agate à deux couches. — 5° Minerve. Aigue-marine. — 9° Tête de Méduse. Cornaline.

4e *rangée.* — 3° Éros entre Hygie et Diane. Cornaline, chaton d'un anneau d'or antique. — 9° Mercure assis sur un rocher. Cornaline. — 13° Bacchus. Cornaline. — 14° Tête de Silène. Cornaline.

5e *rangée.* — 1° Tête de Silène. Améthyste. — 3° Satyre jouant de la lyre. Cornaline. — 6° Satyre tirant une épine du pied d'un de ses compagnons. Calcédoine. — 7° Satyre aiguisant un couteau pour sacrifier un chevreau. Cette pierre fait songer à l'Arrotino de Florence. Cornaline. — 8° Buste de Satyre. Signature : ΕΠΙΤΥΓ-ΧΑΝΟΥ (*œuvre d'*Épitynchanus). Améthyste. — 9° Silène. Jaspe noir. — 10° Tête de satyre. Jaspe vert, chaton d'un anneau d'or antique. — 12° Bacchante. Cornaline. — 13° Pan et Olympus. Cornaline. — 14° Neptune dans un bige d'hippocampes. Cornaline.

*6e rangée.* — 1° Thétis sur un hippocampe. Cornaline. — 2° Néréide entre deux dauphins. Cornaline. — 7° Hercule. Améthyste claire. — 8° Omphale. Cornaline.

*7e rangée.* — 3° Victoire debout. On lit le nom du possesseur : C MARCIVS NICIIPHORVS. Agate rubanée. — 5° Buste de la Victoire (?). Cornaline. — 6° Cratère sur la panse duquel on distingue une Victoire dans un bige. Sardonyx à deux couches. — 9° La ville d'Antioche, assise sur un rocher qui domine le fleuve Oronte; elle est entre la Fortune et son Démos qui la couronne. — 10° Même sujet. Agate brûlée.

2e SECTION. — Suite et fin des **intailles.**

*1re rangée.* — 1° Pégase. On distingue dans le champ quelques lettres du nom du possesseur. Agate rubanée. — 7° Achille dans son char conduit par Automédon. Cornaline. — 9° Grecs renfermant dans une urne les cendres de Patrocle. Cornaline.

*2e rangée.* — 1° Ulysse contemplant les armes d'Achille. Nom du possesseur : A SCANT[illus] FELIX. Cornaline. — 2° Grecs jouant aux échecs. Améthyste. — 5° Guerrier descendant de son cheval qui paraît sur le point de succomber. Cornaline. — 6° Brutus le Jeune accompagné de deux licteurs et d'un crieur. Agate à deux couches. — 7° Guerrier captif au pied d'un trophée. Agate brune.

*3e rangée.* — 3° Athlète nu. Signature du graveur Aulos : ΑΥΛΟΥ. Cornaline. — 13° Chien. Cornaline.

*4e rangée.* — 2°, 3°, 4° et 5° Grylles ou figures composées d'un assemblage monstrueux de têtes, de membres, de corps d'hommes et d'animaux. Deux jaspes et deux cornalines. — 9° Sextus Pompée. Cornaline. — 11° Auguste. Améthyste. — 12° Germanicus. Cornaline.

*5e rangée.* — 1° Corbulon (?). Jaspe fleuri. — 2° Julie, fille de Titus. Cornaline. — 3° Antinoüs. Sardoine claire. — 4° Marc-Aurèle. Aigue-marine. — 5° Lucius Vérus. Cornaline. — 8° Julien l'Apostat. Cornaline.

*6e rangée.* — Série de pierres gnostiques. A la fin de cette rangée, cachet en jaspe sanguin, représentant la nativité de Jésus-Christ, avec cette inscription : Η ΓΕΝ[εσις].

*7e rangée.* — Une série de pâtes de verre antiques, imitant les pierres dures. La 7e représente Jason et la 8e, la mort de Sarpédon.

Les sections Nos 3 et 4 contiennent un choix de **médailles antiques** de la collection du duc de Luynes.

7

La 3e SECTION comprend des médailles de l'Espagne, du Portugal et de l'Italie.

La 4e SECTION comprend la fin de l'Italie, la Sicile, la Chersonèse de Thrace, la Thrace, la Péonie, la Macédoine, la Thessalie, l'Épire, l'Acarnanie, l'Étolie, la Locride, la Phocide, la Béotie et le commencement de l'Attique.

Devant la vitrine N° VI se trouve le groupe N° XI, composé de deux vitrines plates adossées, divisées en quatre sections.

## GROUPE DE VITRINES.

## XI

1re SECTION. — Cette section comprend la fin de l'Attique, le Péloponèse, l'Élide, la Messénie, la Laconie, l'Argolide, l'Arcadie, la Crète, l'Eubée, les îles de la mer Égée, la Paphlagonie, la Bithynie, la Mysie, la Troade, l'Éolide, l'île de Lesbos, l'Ionie, la Carie, l'île de Rhodes et la Pamphylie.

2e SECTION. — On y voit une médaille de Cibyra de Pamphylie; puis, une série de médailles de diverses contrées, la plupart portant des noms de rois. Cette série commence par la Commagène; viennent ensuite l'Égypte, la Cyrénaïque, la Phénicie, la Lydie, la Thrace, la Péonie, l'Épire, la Macédoine, Phères, le Pont, Héraclée, la Bithynie, Pergame, la Carie, la Galatie, la Cappadoce, l'Arménie, la Syrie.

3e SECTION. — Cette section renferme surtout des monnaies à légendes phéniciennes et cypriotes. Au commencement, des monnaies frappées par les Carthaginois en Sicile et en Afrique. Suivent des pièces de satrapes de diverses contrées, des villes de la Cilicie, des rois de Chypre et des villes d'Idalium, Citium, Marium et Paphos; enfin, des monnaies des villes de la Phénicie, des rois perses achéménides et arsacides, des rois nabathéens, des princes de Judée, des satrapes de l'Élymaïde, des rois de Numidie et de Mauritanie.

4e SECTION. — Choix de monnaies frappées dans la Gaule, commençant par les monnaies des colonies grecques du midi. On signalera celles de Marseille, pour la beauté de leur type; la pièce, unique jusqu'à ce jour, de Glanum (Saint-Remy); celle des Cœnicences, dont il n'existe que deux exemplaires, qui tous les deux appartiennent au Cabinet des Médailles; une de ces médailles de bronze de Nîmes, remarquables par l'addition d'une patte fourchue qui leur donne l'aspect d'une cuisse de sanglier; un bel exemplaire de la monnaie de bronze de la colonie de Vienne; enfin, malgré l'intérêt que présentent toutes ces pièces, on ne mentionnera plus que le statère d'or sur lequel on lit le nom de l'Arverne Vercingétorix, le chef des Gaulois dans leur lutte contre César.

# IV

# SALLE DE LA RENAISSANCE.

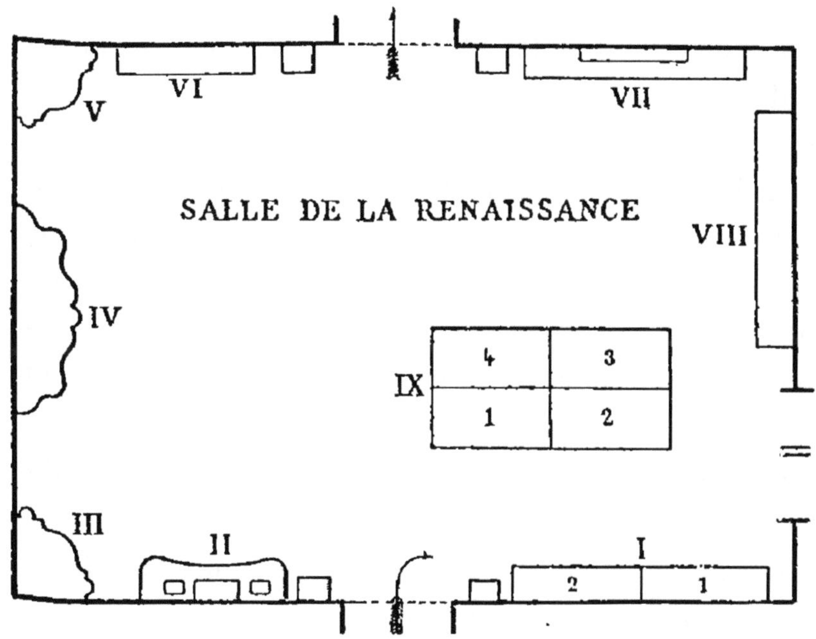


Cette salle, qui ne comprend pas uniquement des monuments de la Renaissance, a pris ce nom de la grande vitrine placée près de la fenêtre et où figurent des monuments de premier ordre appartenant à cette époque.

## VITRINE DE LA RENAISSANCE.

### I

Cette vitrine se divise en deux sections.

La 1re SECTION, à gauche, est partagée elle-même en plusieurs subdivisions.

*1re subdivision.* — En haut, au milieu, statuette en marbre blanc représentant Neptune (XVIe siècle). — Plusieurs vases arabes en bronze ou en laiton.

Plus bas, au milieu, grand médaillon de marbre blanc, représentant en haut-relief le buste d'une jeune fille se détachant sur fond bleu clair; les cheveux, les bijoux et divers ornements sont dorés. Au revers, la signature de Mino de Fiesole : OPVS MINI.

A droite de ce médaillon, un vase arabe et deux statuettes en bronze : la première, du XVe siècle, représente une femme debout; la deuxième, du XVIe siècle, un satyre assis. — A gauche, un autre vase arabe séparant deux statuettes : une femme debout, un panier au bras (bronze du XVIIe siècle); Bacchus debout tenant une coupe et accompagné d'un petit satyre (bronze du XVIe siècle).

Devant le même médaillon, une écritoire en laiton, damasquinée d'or et d'argent, avec le nom du sultan Schahababam (1363 à 1378 de notre ère). — A droite de l'écritoire, une tête d'enfant, du XVIe siècle, en bronze. — Plus loin, une coupe en bronze, du XIe ou du XIIe siècle, représentant diverses scènes de la jeunesse d'Achille, avec inscriptions inspirées de l'*Achilléide* de Stace ou copiées dans ce poème. — A gauche, une tête d'enfant, également en bronze, de la même époque que la précédente, et, plus loin, une coupe de laiton damasquinée d'argent, ayant appartenu à l'évêque d'Isernia, Paulus de Urbe, qui fut aussi archevêque de Montréal (Sicile) en 1379. Les armoiries de ce prélat sont répétées trois fois au milieu de l'ornementation de cette coupe.

2e *subdivision.* — Au milieu, coffret monté en argent, revêtu de velours et orné de fleurs de lis et d'hermines d'argent en relief, ayant servi à renfermer les sceaux du duché de Bretagne sous Louis XVI. — A côté, les matrices en argent du sceau et du contre-sceau de ce duché sous ce prince. — Au-dessus, les matrices aussi en argent, réunies par une chaînette, d'un sceau et d'un contre-sceau plus anciens des *Estatz, pays et duché de Bretagne.* — Sur ce coffret, est placée la matrice en argent du sceau de la reine Constance de Castille, seconde femme du roi Louis VII; ce monument a été trouvé dans le tombeau de cette princesse à Saint-Denis. — A gauche du coffret, la matrice en argent du sceau de l'Université de Paris, au XIIIe siècle; à côté, la matrice, également en argent, du sceau des quatre nations de l'Université de Paris, au XVIe siècle, puis des matrices de diverses époques. — A droite, d'autres matrices et le sceau (en cire verte) de la reine Marie Leczinska.

En bas, trois rangées de médaillons en bronze et en terre cuite. On remarquera, vers le milieu du deuxième rang, le médaillon de Catherine de Médicis et, au gradin inférieur, ceux du président Duret de Chevry et de Pierre Jeannin, par G. Dupré, et enfin les modèles en grand (face et revers) d'une médaille de Henri IV et de Marie de Médicis, par le même artiste.

2e SECTION. — *1er gradin.* — A gauche, corne à boire montée sur une patte d'aigle en cuivre doré et ornée à l'extrémité inférieure d'un aigle sur un globe, également en cuivre doré (XIIe siècle). — Au milieu, entre une crosse du XVe siècle et une autre du XIIIe, un grand vase en ivoire (XVIIe siècle) avec couvercle et pied en vermeil ornés de pierreries; sur la panse, un combat de cavalerie. C'est un présent du maréchal de Lowendal à Louis XV. — A droite, un vase en verre de Venise et un porte-flambeau en bronze, du XVe siècle, représentant un personnage chaussé de souliers à la poulaine.

*2e gradin.* — A gauche, un grand vase en argent doré. Sur la panse, est représenté le miracle de saint Hubert; le couvercle, sur lequel sont gravées les armoiries du possesseur, avec les mots : VIVAT FRIDERICVS CHRISTIANVS, est surmonté d'une statuette représentant un piqueur sonnant du cor. — A côté, une coupe d'émail de Limoges, de Jean Courtois; on y voit l'arche de Noé. — Plus loin, une pièce de jeux d'échecs représentant un roi hindou sur un éléphant, signée en caractères coufiques par un artiste nommé Joussouf. D'après la tradition, cette pièce, provenant de l'abbaye de Saint-Denis, où elle fut longtemps conservée, aurait fait partie d'un jeu d'échecs envoyé par le khalife Haroun-al-Raschid à Charlemagne. — A côté, un bas-relief en bois, représentant saint Antoine, avec la signature de Lucas de Leyde (XVIe siècle). — Plus loin, un coffret en argent, ayant appartenu à Franz de Sickingen, dont les armoiries paraissent en plusieurs endroits au milieu des divers sujets qui décorent ce précieux monument du commencement du XVI^e siècle. — A l'extrémité, une aiguière en argent doré, ornée de bas-reliefs (XVI^e siècle).

*3^e gradin.* — Six pièces de jeux d'échecs remontant au XI^e ou au XII^e siècle. — Une septième, qui paraît être du XIII^e siècle, a été donnée par Charles Sauvageot. — Au milieu, un buste d'enfant du XV^e siècle, en marbre. — Au-dessous, l'épée des grands maîtres de l'ordre de Malte, dite *Épée de la Religion.* Cette arme, dont la poignée est en or émaillé, avait été donnée à l'ordre par Philippe II, roi d'Espagne; elle fut envoyée au Directoire par le général Bonaparte après la prise de Malte.

La plupart des pièces de jeux d'échecs de cette vitrine proviennent de l'abbaye de Saint-Denis.

*4^e et 5^e gradins.* — Onze pièces de jeux d'échecs provenant aussi de l'abbaye de Saint-Denis.

En quittant cette vitrine, sur le premier des deux cippes placés de chaque côté de la porte, une tête d'Hercule en marbre; sur le second, autre buste en marbre trouvé récemment en Tunisie et représentant un empereur voilé comme souverain pontife, peut-être Auguste.

Viennent ensuite, un élégant MÉDAILLIER DU XVIII^e SIÈCLE (N° 11), surmonté de trois figures chinoises, puis un bas-relief en marbre, attribué à Ligier Richier et dont le sujet est Jésus-Christ accueillant les petits enfants.

Sur la paroi qui fait face à la fenêtre, trois MÉDAILLIERS (Nos III, IV et V); ils datent de Louis XV; l'un est en forme de commode, les deux autres sont des encoignures. Ces meubles proviennent du Cabinet du Roi à Versailles.

Au-dessus de ces meubles, sur une console en bois de chêne, cinq vases peints : 1° A gauche, amphore pélique représentant Orphée (?) jouant de la lyre en présence de plusieurs personnages. — 2° Hydrie représentant Jupiter et Sémélé. — 3° Amphore panathénaïque. — 4° Hydrie sur laquelle on voit une réunion d'éphèbes et de jeunes filles. — 5° Célébé d'Agrigente, sur laquelle sont représentés deux cavaliers.

En faisant le tour de cette salle, on rencontre le second des MÉDAILLIERS DE PELLERIN (N° VI). Ce meuble est surmonté d'un oxybaphon représentant Hercule et la Victoire dans un quadrige précédé par Mercure.

En face des deux cippes dont on vient de parler, deux autres cippes semblables. Sur le premier, une tête de Cybèle en bronze, plus grande que nature, découverte à Paris vers 1675, près de l'église Saint-Eustache; sur le second, une tête d'Apollon, en marbre, provenant, a-t-on dit, du Parthénon.

Plus loin, trois MÉDAILLIERS (N° VII), dont deux de très petite dimension; ces deux meubles renferment la riche collection de monnaies de la République romaine.

léguée au Cabinet des Médailles par le baron d'Ailly (1877).

Près de la fenêtre, dans une VITRINE (N° VIII), série de médaillons en bronze par le célèbre sculpteur David d'Angers.

Au milieu de la salle, groupe composé de deux VITRINES PLATES (N° IX), adossées et divisées chacune en deux sections.

1<sup>re</sup> SECTION. — Moulage des armes et bijoux d'un chef franc, trouvés à Pouan (Aube). Les originaux sont au Musée de Troyes.

2<sup>e</sup> SECTION. — Objets divers, figurines, tessères de théâtre ou de jeux en os et en ivoire. Un certain nombre de ces objets sont dus à divers donateurs : cinq figurines étrusques d'applique (N$^{os}$ 4522 à 4526) à M. Charles de Férol, une main et une palmette d'ivoire (N$^{os}$ 4544 et 4567) à M. Eugène Piot, un fragment de peigne (N° 4550) à M. Vattier de Bourville, un hermès de Priape et un lion accroupi (N$^{os}$ 3295 et 4520) à Ch. Lenormant.

3<sup>e</sup> SECTION. — Objets divers en marbre, bois, os, bronze, etc. A la 2<sup>e</sup> rangée, au milieu, une figure d'applique, en marbre, représentant un poète ou un philosophe lisant (N° 4699). — Près du philosophe, figurine grotesque en corail, donnée par M. le baron de Witte (N° 5524). — A droite et à gauche de cette figure, quatre fragments de *tables iliaques* en marbre. On croit que ces petits bas-reliefs, représentant des scènes de la guerre de Troie, étaient destinés à l'éducation de la jeunesse (Nos 4700 à 4703). — A droite, tablettes en bois de sycomore enduites de cire, avec inscriptions en grec (N° 5526); trouvées à Memphis. — A gauche, fragment en bois sculpté, représentant un griffon dévorant un ægagre, trouvé à Panticapée et donné par M. Hommaire de Helle.

4e SECTION. — Sceaux du moyen âge faisant partie de la collection donnée en 1885 par la famille de feu le comte de Bastard d'Estang.

On signalera, au milieu de cette vitrine, le sceau équestre en cire blanche de Henri IV, roi d'Angleterre; au-dessous, le sceau en cire verte de Jean, duc de Berry, et sur la première ligne, au 4e rang, le sceau aussi en cire verte de Eudes de Sully, évêque de Paris.

# V

## SALLE DES DONATEURS.

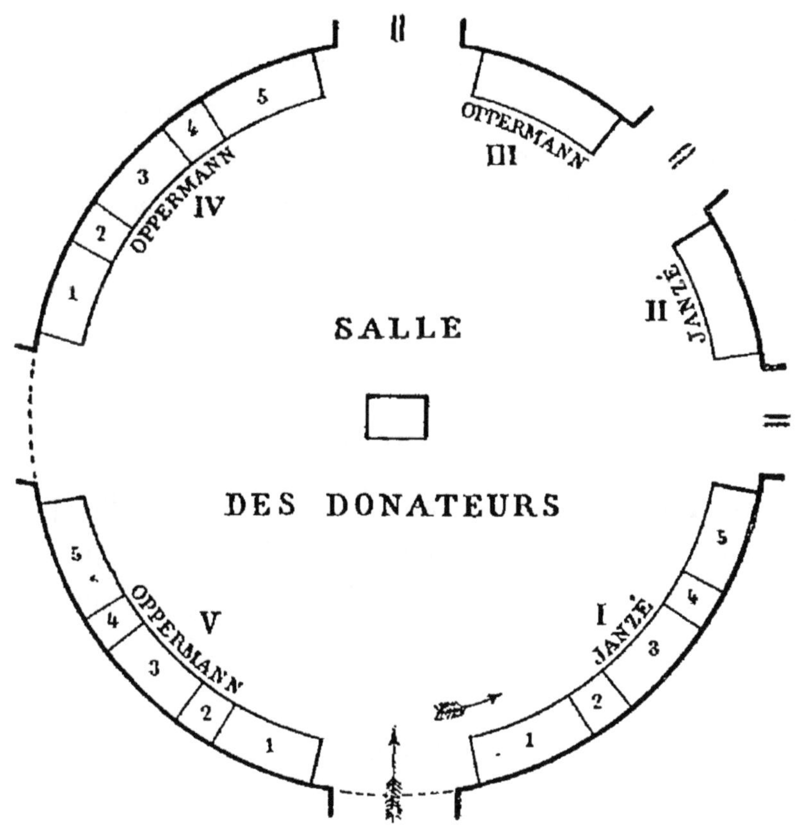


Cette salle est ainsi appelée parce qu'elle renferme deux importantes donations et qu'on y a fait inscrire en lettres d'or les noms des principaux donateurs du Cabinet des Médailles : Gaston, duc d'Orléans, 1660; J.-P. de Schönborn, électeur de Mayence, 1665; le comte de Caylus, 1765; le prince Torlonia, 1845;

Henri Beck, 1846; Prosper Dupré, 1860; le duc de Luynes, 1862; le vicomte de Janzé, 1865; le commandant Oppermann, 1874; le marquis Turgot, 1876; le baron d'Ailly, 1877; le baron de Witte, 1885-1886-1887; Alfred Armand, 1888.

Le milieu de cette salle est occupé par un siège ou trône en bronze doré, connu sous le nom traditionnel de *Fauteuil de Dagobert.* Ce précieux monument, qui était conservé de temps immémorial dans le trésor de l'abbaye royale de Saint-Denis, se compose d'une chaise curule romaine de basse époque, à laquelle, au moyen âge (peut-être au XII^e^ siècle), on a ajouté un dossier et des bras.

## COLLECTION DU VICOMTE DE JANZÉ.

Les antiquités léguées au Cabinet des Médailles par le vicomte Hippolyte de Janzé en 1877 sont exposées dans les deux grandes vitrines, N^os^ II et III, qui portent son nom et sont placées à droite en entrant.

### VITRINE.

### I

**Bronzes et terres cuites.** Cette vitrine est divisée en cinq sections qui se subdivisent elles-mêmes en deux parties.

1^re^ SECTION. — *Partie supérieure* ne renfermant que des bronzes. — Sur le *1^er^ gradin*, au milieu, on remarquera un bas-relief d'applique représentant Silène nu s'appuyant sur un jeune bacchant.

2e *gradin.* — Deux masques, Silène et bacchant.

3e *gradin.* — 1° Jupiter debout. — 2° La Fortune. — 3° Iphiclès. — 4° Bacchus. — 5° Mercure sous les traits d'un empereur romain.

4e *gradin.* — 1° Démos ou Génie de ville. — 2° Vénus. — 3° Alexandre le Grand assis, trouvé à Reims. — 4° Vénus. — 5° Une Muse.

La *partie inférieure* de cette section ne contient que des terres cuites. On remarquera trois masques, une tête de Vénus de haut-relief, deux statuettes de femmes drapées et voilées, et, au milieu, un grand vase en forme de tête de femme.

2e SECTION. — Monuments de terre cuite.

*Partie supérieure.* — 1er *gradin.* — Au milieu, Vénus agenouillée sortant d'une coquille bivalve.

2e *gradin.* — Groupe de deux figures viriles, jeunes, cornues. — Deux statuettes de femme drapées.

3e *gradin.* — Femme à demi agenouillée, paraissant cueillir des fleurs [Proserpine (?)].

*Partie inférieure.* — Élégante statuette de danseuse.

3e SECTION. — Les cinq gradins de la *partie supérieure* sont occupés par des monuments de bronze.

1er *gradin.* — Deux anses de vases, Victoire d'applique et tête de nègre.

2e *gradin.* — Au milieu, tête de Diane, d'applique, en haut-relief.

3e *gradin.* — 1° Esculape. — 2° Mercure. — 4° Vénus, debout sur le haut de degrés hémisphériques, s'appuyant sur un gouvernail; devant elle, un petit Amour portant un alabastron et une coquille. — 7° Personnification d'une ville assise sur un rocher, peut-être Antioche de Syrie.

4e *gradin.* — 1° Mercure. — 2° Neptune. — 3° Athlète tenant des haltères; sur sa cuisse droite, vestiges d'une inscription étrusque. — 4° Éphèbe nu; le bras gauche et une partie de la jambe droite manquent. — 5° Le Diadumène, copie de la statue célèbre de Polyclète. — 6° Apollon, de travail étrusque, avec collier à trois pendants et bracelet à autant de pendants au bras gauche. — 7° Diane.

5e *gradin.* — 1° Discobole. — 3° Apollon. — 5° Vénus à sa toilette. — 6° Buste de Ville. — 7° Jupiter.

*Partie inférieure.* — Monuments de terre cuite. — Au milieu, buste de divinité diadémée. — Sur le devant, deux statuettes d'acteurs. — A droite, au second plan, candélabre formé par une colonne cannelée surmontée d'une tête d'Ariadne.

4e SECTION. — Monuments de terre cuite.

*Partie supérieure.* — 1er *gradin.* — 1° Satyre. — 3° Vénus assise. — 4° Mercure criophore.

2e *gradin.* — 1° Hébé. — 2° Jeune femme courant et

portant une de ses compagnes sur ses épaules. — 3° Danseuse.

*3e gradin.* — 1° Léda. — 2° Vénus. — 3° Personnage drapé portant une urne funéraire.

*Partie inférieure.* — Grande figure de Vénus. Trois masques.

5e SECTION. — *Partie supérieure.* Monuments de bronze.

*1er gradin.* — Serpent enroulé et levant la tête.

*2e gradin.* — Au milieu, tête d'Alexandre le Grand, médaillon d'applique. — A gauche, victimaire debout. — A droite, petit vase affectant la forme d'un buste de nègre. — Plus loin, satyre debout, portant des fruits; sur le piédestal de cette figure, buste de faunisque.

*3e gradin.* — 1° Candélabre dont le motif principal est une figure de Vénus. — 2° Mercure assis. — 3° Adonis. — 4° Personnage assis tenant un *volumen;* on l'a nommé parfois Sophocle. — 5° Candélabre; le motif principal est une figure d'Apollon.

*4e gradin.* — 1° Hercule, de style étrusque. — 2° Neptune. — 3° Isis. — 4° Vénus. — 5° Suivant de Bacchus, dansant.

*Partie inférieure.* — Monuments de terre cuite. — Au milieu, grand vase de Ruvo; les anses sont figurées par des Victoires; sur le devant de la panse, masque de femme surmonté d'une statuette de Vénus assise; sur la partie postérieure, groupe de Vénus et d'Adonis. — A droite, groupe de Vénus et d'Adonis, analogue à celui qui décore le vase de Ruvo. — A gauche, Rome debout.

VITRINE.

II

## Monuments de terre cuite et vases peints.

*Partie supérieure.* — 2^e^ *gradin.* — Au milieu, buste de Vénus voilée, applique.

3^e^ *gradin.* — Au milieu, petit vase peint, de style archaïque, affectant la forme d'un buste de Vénus.

Sur les 4^e^, 5^e^ et 6^e^ gradins, sont placés des rhytons, des vases à une tête ou à deux têtes et des vases de formes diverses.

4^e^ *gradin.* — Vase peint affectant la forme d'une tête de nègre.

5^e^ *gradin.* — Au milieu, rhyton à tête de biche. — A gauche, vase en forme de tête de femme coiffée d'un bonnet phrygien. — A droite, vase en forme de tête de satyre.

6^e^ *gradin.* — Au milieu, vase montrant les têtes réunies d'Hellé et du Bélier. — A gauche, rhyton représentant d'un côté une tête de sanglier, de l'autre, une tête de chien. — A droite, autre rhyton, représentant une tête de biche et une tête de chien réunies.

*Partie inférieure.* — Au milieu, Proserpine assise. —

A droite, vase en forme de gourde, décoré des deux côtés de la figure de Scylla.

Les vitrines contenant la collection donnée par le vicomte de Janzé sont surmontées de divers monuments.

*1re vitrine.* — Sur la 1re section, bas-relief de terre cuite représentant Silène et Cupidon s'embrassant; une bacchante jouant du tympanum assiste à cette scène. — Sur la 3e section, colonne de marbre consacrée à Hécate et autour de laquelle sont adossées les statues de Cérès, de Proserpine, de Diane et d'un satyre, surmontées des trois têtes d'Hécate. — Sur la 5e section, bas-relief de terre cuite. Bacchus et l'Amour.

Sur la 2e *vitrine*, bas-relief en marbre représentant Hercule assis.

## COLLECTION OPPERMANN.

La collection léguée au Cabinet des Médailles par le commandant Oppermann (1874) est renfermée dans deux grandes vitrines, divisées chacune en cinq sections, et dans une vitrine plus petite, non sectionnée.

On commencera par la vitrine placée près de la porte, à la droite du visiteur quittant la salle.

### VITRINE.

### V

### Monuments de bronze, vases peints, etc.

1re SECTION. — *Partie supérieure.* Statuettes de bronze.

*6e gradin.* — N° 34. Diane. — N° 205. Hercule debout. — N° 91. Silène. — N° 206. Hercule debout.

*7e gradin.* — N° 308. Amour ailé, assis, tenant un lièvre. — N° 148. Ville assise sur un rocher (Antioche?). — N° 93. Petit vase en forme de Silène. — N° 201. Hercule enfant étouffant les serpents envoyés par Junon.

*8e gradin.* — N° 100. Jeune satyre dansant. — N° 163. Centaure couché. — N° 99. Pan jouant de la syrinx. — N° 254. Personnage couché, style étrusque. — N° 92. Silène.

*Partie inférieure* contenant des vases peints. — N° 68. Amphore de Vulci : adieux d'Hector. — N° 38. Stamnos : Castor et Pollux à cheval. — N° 3. Amphore de Vulci : Minerve combattant Encelade.

2e SECTION. — *Partie supérieure.*

*2e gradin.* — Au milieu, médaillon en marbre, de forme ovale, sur lequel est représenté Mithra sacrifiant le taureau. De chaque côté, un miroir étrusque.

Sur les deux autres gradins, sept miroirs étrusques :

*3e gradin.* — Vers le milieu (N° 40), Mars et Vénus ;

*4e gradin.* — N° 25. Apollon et Minerve.

*Partie inférieure.* — Deux œnochoés. Celle de gauche (N° 14) représente deux génies ailés hermaphrodites plaçant un voile sur une grande tête de Vénus ; l'anse est ornée d'un mascaron en relief. — Celle de droite (N° 161) représente Minerve et Hercule assis.

3e SECTION. — *Partie supérieure.* Monuments de bronze.

*4e gradin.* — A gauche (N° 255), jeune Romain. — Vers le milieu (N° 151), divinité locale, diadémée, assise. — Plus loin (N° 14), Minerve Promachos.

*5e gradin.* — A gauche (N° 168), tête de Fleuve. — Plus loin (N° 263), masque d'un dieu cornu comme Ammon, avec oreilles de bélier. — N° 123. Pied de meuble : Lasa ailée. — N° 158. Gorgone : figure d'applique.

*6e gradin.* — A gauche (N° 55), Éros, de travail alexandrin. — Au milieu (N° 204), Hercule combattant; style archaïque, peut-être imitation de l'Hercule d'Onatas. — N° 208. Hercule étouffant le lion de Némée. — N° 116. Victoire assise.

*7e gradin.* — A gauche (N° 78), Cérès. — N° 114. Victoire. — N° 86. Bacchus. — N° 131. Caricature d'un gladiateur. — N° 95. Jeune satyre dansant. — N° 36. Mars armé de toutes pièces. — N° 49. Vénus, de style étrusque.

*8e gradin.* — A gauche (Nos 246 et 248), gladiateurs. — N° 73. Mercure à quatre visages. — N° 260. Caricature d'un homme subissant un supplice analogue au carcan.

*Partie inférieure.* — Vases peints.

*1re rangée.* — A gauche, cylix de Vulci; à l'extérieur de ce vase, éphèbes se livrant à des jeux. — Au milieu, cylix trouvée à Camiros. Intérieur : Neptune sur un cheval ailé; extérieur : le sujet principal est un homme luttant contre une panthère. — Plus loin, cylix de Vulci. A l'extérieur, entre deux personnages assis, éphèbe debout, tenant une lyre.

2e *rangée.* — Au milieu, scyphus de Vulci en forme de sein de femme. A l'extérieur, scène bachique. — A côté, autre scyphus de Vulci, sur lequel est représentée une procession de dix-sept figures. — A droite, cylix trouvée à Camiros : Achille et Troïle.

4e SECTION. — *Partie supérieure.* En haut, deux bas-reliefs de terre cuite découpés : l'un représente Hercule combattant une Amazone; l'autre, Thésée combattant aussi une Amazone.

Au-dessous, neuf miroirs de bronze. — N° 218. Amphion, Zéthus et Antiope. — N° 199. Castor et Pollux, Hélène et Clytemnestre ou Vénus. — N° 197. Castor et Pollux. — N° 220. Tantale, Apollon, Pélops, Hécate et Cérès.

*Partie inférieure.* — Trois vases peints. Au milieu, une grande célébé trouvée à Gnathia, représentant l'enlèvement de Ganymède.

5e SECTION. — *Partie supérieure.* Statuettes de bronze. — 4e *gradin.* N° 33. Diane. — N° 307. Aurige assis. — N° 67. Mercure. — N° 20. Minerve. — N° 297. Hercule.

5e *gradin.* — N° 118. Une divinité laraire. — N° 3. Jupiter assis.

6e *gradin.* — N° 195. L'un des Dioscures, combattant

à cheval. Figure d'applique. — N° 166. Centaure emportant une panthère. — N° 162. Autre centaure tenant une massue ; style archaïque. — N° 219. Sphinx tenant une tête de mort. — N° 110. Bonne déesse à cheval, trouvée à Vienne (Isère). — N° 175. Pégase.

7e *gradin.* — A gauche (N° 128), harpie.

8e *gradin.* — N° 181. Colombe à tête de bélier. — N° 179. Colombe à tête de femme. — N° 39. Cycnus. — N° 28. Apollon assis. — N° 250. Gladiateur combattant. — N° 170. Sphinx.

*Partie inférieure.* Vases peints. — A gauche, N° 24, amphore de Vulci : Apollon, Bacchus, Mercure et autres divinités. — Au milieu, N° 63, amphore de Vulci : Minerve entre deux guerriers assis. — N° 160. Patella de Vulci : satyre dansant. On y lit la signature ΕΠΙΚΤΕΤΟΣ ΕΓΡΑΦΣΕΝ (Épictète a peint). — N° 22. Amphore de Vulci : Bacchus combattant deux géants.

## VITRINE.

## IV

### Terres cuites et vases.

1re SECTION. — *Partie supérieure.* — 3e *gradin.* — A gauche : 1° Femme portant un enfant (N° 195). — 2° Chien (N° 221). — 8° Tête de guerrier casquée (N° 234).

4e *gradin.* — 3° Diane debout (N° 12). — 7° Génie d'Hercule (N° 47).

*5e gradin.* — Au milieu (N° 164), soldat encapuchonné; on distingue une épée sur son bouclier. — Avant-dernière figure (N° 80), Silène debout; devant lui, cinq personnages de petite taille.

*6e gradin.* — Quatre masques d'applique, deux lampes et une statuette (N° 59) qui représente Cérès debout, tenant une torche et un porc.

*7e gradin.* — A gauche : 1° Vénus assyrienne ou Mylitta; les pieds manquent (N° 30). — 3° Lampe (N° 211). Le sujet est un personnage assis considérant un squelette ; près du personnage assis, un enfant emmailloté. Après cette lampe (N° 4), masque de héros avec casque dont les géniastères sont ornés de têtes de bélier. — Au milieu (N° 41), petit vase colorié, en forme de buste de femme, trouvé à Camiros. — A côté (N° 134), médaillon représentant Ulysse recevant les armes d'Achille. — La dernière figure (N° 53) est l'Amour ailé.

*Partie inférieure.* Vases peints. — *1er gradin.* — 1° Olpé : satyre saisissant un bouc à tête humaine (N° 31). — 3° Œnochoé : Thésée combattant une Amazone (N° 49). — 5° Amphore : Thésée tuant le Minotaure (N° 46). — 6° Péliké : deux hommes montés sur des mulets (N° 99).

*2e gradin.* — 1° Sorte de cruche à une anse : Ajax, Minerve et Cassandre (N° 72). — 4° Lécythus blanc athénien : éphèbe et jeune fille auprès d'une colonne funéraire (N° 81). — 5° Lécythus blanc à traits noirs : Diane en chasse (N° 11). — 6° Lécythus : deux hommes nus roulant chacun un grand disque (N° 108).

3ᵉ *gradin.* — 2° Amphore : Apollon entre Bacchus et Ariadne; sur le col, guerriers combattant (N° 23). — 3° Lécythus de Vulci : la dispute du trépied entre Apollon et Hercule (N° 39). — 5° Olpé trouvée à Camiros : divinité ailée, casquée comme Minerve, enlevant un mortel blessé (N° 4).

2ᵉ SECTION. Vases peints et monuments en terre cuite.

*Partie supérieure.* — *1ᵉʳ gradin.* — 1° Cyathus de Vulci : ménade entre deux satyres (N° 33). — 2° Ascos de Ruvo, orné d'une figure d'éphèbe et de trois masques reliés par une guirlande; tous ces ornements sont modelés en relief (N° 115). — 3° Aryballe provenant de Camiros : oiseau fantastique (N° 129).

2ᵉ *gradin.* — 4° Cavalier (N° 163).

3ᵉ *gradin.* — 1° Bacchus chevauchant un porc (N° 69). — 3° Femme assise, jouant d'une sorte de sambuque (N° 166). — 4° Vase en forme de buste représentant Vénus tenant la colombe (N° 27).

4ᵉ *gradin.* — Au milieu, tête de Mercure coiffé du pétase. Traces de peinture (N° 55).

*Partie inférieure.* — 1° Au milieu, hydrie de Nola : naissance de Minerve (N° 1).

3ᵉ SECTION. — *Partie supérieure.* Terres cuites.

*1ᵉʳ gradin.* — 2° Vénus debout (N° 32). — 4° Vénus debout, à demi voilée (N° 38). — 5° Femme debout, s'appuyant sur une colonne d'ordre ionique (N° 148).

— 6° Vénus dont la pose et la draperie font penser à la Vénus de Milo (N° 33).

2^e^ *gradin.* — 2° Femme debout, attachant une couronne sur sa tête, dans un mouvement qui rappelle celui du Diadumène de Polyclète (N° 146). — 4° Cérès assise (N° 98). — 5° Cérès debout tenant un veau (N° 136).

3^e^ *gradin.* — 1° L'Espérance (N° 70). — 4° Femme rajustant sa chaussure. Traces de peinture (N° 39).

4^e^ *gradin.* — 3° Éphèbe tenant un coq (N° 103). — 4° Vénus coiffée d'un diadème et tenant une bandelette (N° 40).

*Partie inférieure.* Vases peints.

1^er^ *gradin.* — 2° Olpé de style corinthien : guerriers en char, à cheval et à pied : scènes du cycle troyen. En bas, zone d'animaux (N° 71). — 3° Olpé trouvée à Camiros : scène de jeux (N° 100).

2^e^ *gradin.* — 2° Thésée combattant le taureau de Marathon (N° 47). — 3° Hydrie d'Apulie : aurige entre les quatre chevaux d'un quadrige (N° 60). — 4° Lécythus : Hercule chez le centaure Pholos (N° 41).

4^e^ SECTION. — *Partie supérieure.* Terres cuites.

1^er^ *gradin.* — 2° Personnage romain debout (N° 177).

2^e^ *gradin.* — 1° Berger jouant de la double flûte (N° 165). — 2° et 3° Proserpine (?) (N^os^ 71 et 72).

3^e^ *gradin.* — Au milieu, Vénus debout, style archaïque (N° 25).

5e *gradin.* — 4° Jeune fille coiffée d'une sorte de pétase (N° 189).

*Partie inférieure.* Vases peints. — Au milieu, stamnos de Lucanie : Actéon assis, caressant son chien ; en face du chasseur, Diane debout appuyée sur une colonne (N° 56). — A gauche, olpé trouvée à Camiros : Médée faisant bouillir le bélier (N° 59). — A droite, calpis trouvée à Camiros : Apollon et une des Muses (N° 7).

5e SECTION. — *Partie supérieure.* Terres cuites.

1er *gradin.* — 2° Minerve debout s'appuyant sur un trophée. Figure d'applique (N° 2). — 3° Apollon citharède (N° 10). — 4° L'un des Dioscures, debout à côté de son cheval (N° 162).

2e *gradin.* — 7° Enfant tenant une grappe de raisin que saisit un chien (N° 219).

5e *gradin.* — 6° Aurige vainqueur (N° 161).

6e *gradin.* — Au milieu, jeune fille assise, coiffée d'un diadème (N° 190). — Groupe de deux jeunes filles abritées sous un même voile (N° 193).

7e *gradin.* — Vers le milieu, divinité coiffée d'un polos très élevé décoré de quatre sphinx (N° 235).

*Partie inférieure.* Vases peints.

2e *rangée.* — 2° Péliké de Nola : Hercule chez Busiris (N° 43).

3e *rangée.* — 2° Olpé de Vulci : Hercule chez le centaure Pholos (N° 40). — 3° Hydrie de Lucanie : sujet funèbre (N° 84). — 4° Olpé de Vulci : Hercule, Hébé et Bacchus (N° 45).

VITRINE.

## III

## Monuments de terre cuite et vases.

*Partie supérieure.* — *1er gradin.* — Au milieu, fragment d'un vase en terre blanche représentant Io.

*2e gradin.* — Une série de vases dits *guttus*, avec sujets en bas-relief.

*3e gradin.* — Une série de petits vases trouvés à Camiros (île de Rhodes).

*4e gradin.* — 4° Stamnos trouvé à Nola : zone d'animaux fantastiques (N° 112). — Vers l'extrémité, à droite, aryballe trouvé à Camiros, sujet funèbre (N° 82).

*Partie inférieure.* — *1er gradin.* — Trois plats trouvés à Camiros : sur les Nos 140 et 158, un sphinx; sur le N° 157, un griffon.

*2e gradin.* — 1° Cylix : Gorgonium (N° 109). — 2° Cylix trouvée à Camiros : zone d'animaux et ornements (N° 156). — 3° Éros ailé (N° 87).

Au-dessus des vitrines de la collection Oppermann, sont placés des vases peints et quelques autres monuments.

VITRINE V. — Au-dessus de la *1re section*, oxybaphon de Nola : initiation de Thésée aux mystères d'Éleusis

(N° 48). — 2^e^ *section.* Fragment d'un bas-relief en marbre représentant un sujet funèbre. — *3^e^ section.* Deux vases de Camiros, semblables : zones d'animaux et ornements (N^os^ 138 et 139). Au milieu, oxybaphon de Lucanie : Apollon, Diane (?) et Mercure (N° 9). — *5^e^ section.* Oxybaphon de Lucanie : Thiase de Bacchus (N° 25).

Vitrine IV. — *1^re^ section.* 1° Amphore : satyre et ménade dansant (N° 36). 2° Oxybaphon : personnage revêtu d'un manteau, offrant un cygne à un éphèbe (N° 102). — *3^e^ section.* Deux ornements d'architecture, en terre cuite, représentant chacun une tête de Vénus. Trouvés à Camiros (N^os^ 119 et 118). Au milieu, grand oxybaphon : Bacchus et Ariadne (N° 27). — *5^e^ section.* 1° Oxybaphon de fabrique étrusque : satyre et ménade (N° 35). 2° Amphore : Médée tuant ses enfants (N° 58). 3° Amphore trouvée à Camiros : scènes de jeux (N° 76).

Vitrine III. — 1° Tête de Junon. Terre cuite, fragment (N° 243). — 2° Statuette de Junon. Marbre (N° 2). — 3° Tête de Bacchus barbu. Marbre (N° 5).

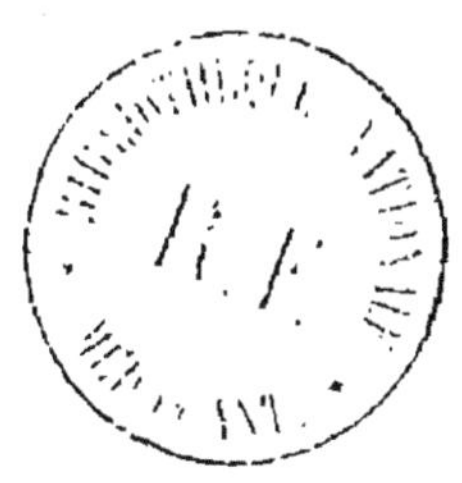

# TABLE DES MATIÈRES.

(Les chiffres renvoient aux pages du présent volume.)

---

## A

## B

## C

## D

## E

F

## G

## H

I

J

## K



## L

## M

## N

## O

## P

## Q



## R

## S

## T

U



V

## W



## X

## Z

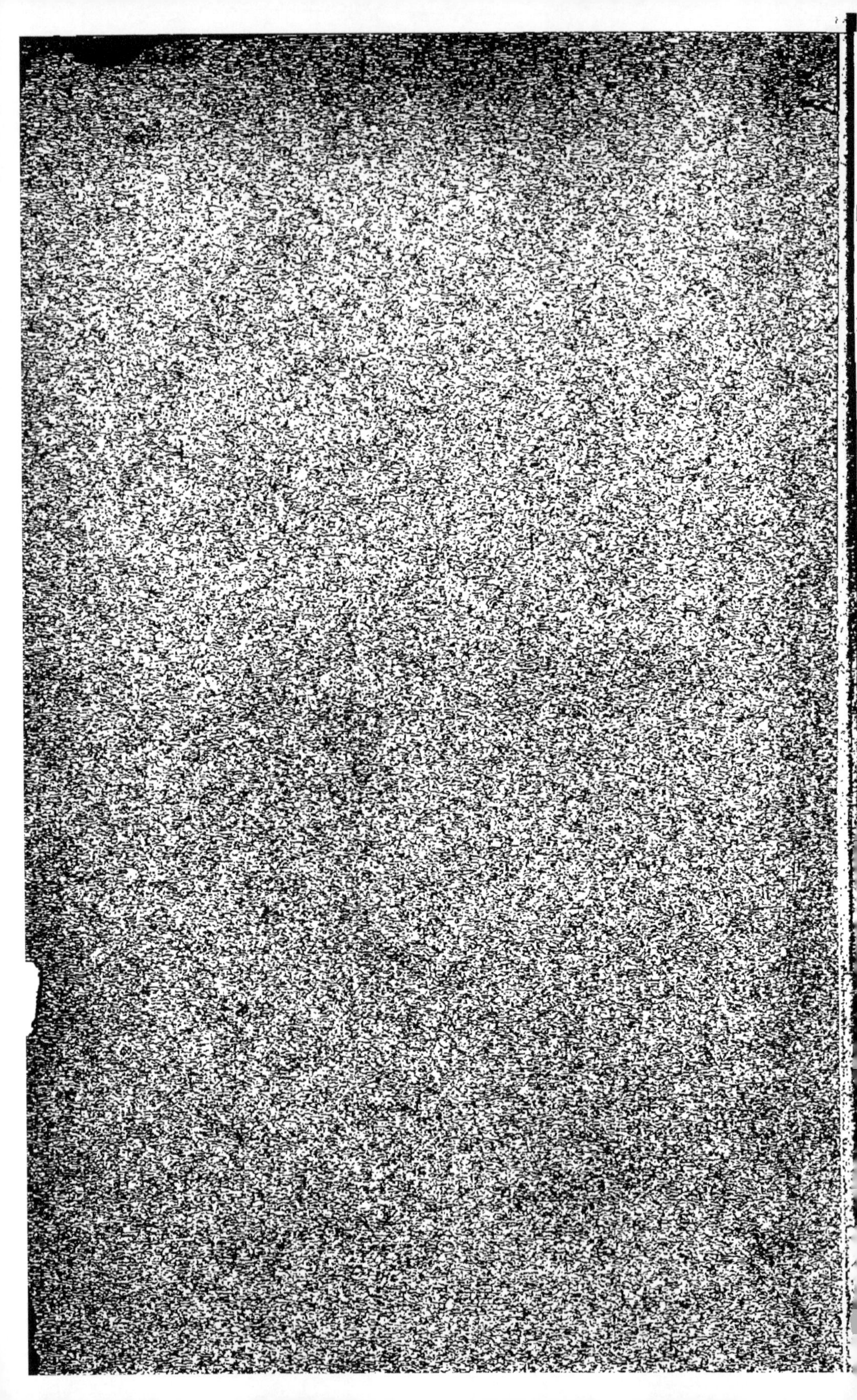

www.ingramcontent.com/pod-product-compliance
Ingram Content Group UK Ltd.
Pitfield, Milton Keynes, MK11 3LW, UK
UKHW020248250726
13967UKWH00004B/1565